영문법사전
기초英文法

영문학 교수
박문옥 著

Basic English grammar

　제1부. 영어의 구조
　제2부. 문법정리
　제3부. 영문법 사전

머리말

「영문법을 몰라서 영어를 모른다.」라든지, 「영문법은 너무 어렵다.」라는 말을 자주 듣습니다. 그런데, 「어떤 점이 어렵습니까?」하고 물으면, 분명하게 대답하지 못합니다.

확실히, 영문법은 국문법과는 다르기 때문에, 그것만으로도 어렵다고 말할 수 있겠죠. 그러나, 문법을 너무 어렵게 생각하고 있는 것은 아닌지요? 전체를 몰라도, 어느 정도 기본적인 것을 알고나서, 한국 사람이 틀리기 쉬운 점을 분명히하면, 안개가 걷히듯이 알게 됩니다. 문법은 문법으로서 외우는 것이 아니고, 그 지식을 응용해서 바른 영어를 듣고, 말하고, 읽고, 쓸 수 있도록 사용되어지는 것입니다.

이 책은, 이런 면을 고려해서, 이것만 알고 있다면 영어에 불편을 느끼지 않을 정도의 기본적인 것을, 가능한한 쉬운 말로 알기 쉽게 설명했습니다. 때문에, 단어도 가능한 한 쉬운 단어를 사용해서 구문의 이해를 쉽게 했습니다. 더우기, 한국 사람이기 때문에 틀리기 쉬운 것에 역점을 두었습니다. 여기에 씌어진 것만 알면 충분합니다.

여러분이 이 책을 사용해서, 「영문법」이 쉬운 것이라고 생각하고, 영어 공부를 해보려는 의욕을 갖게 된다면, 이 책을 펴는 보람이 될 것입니다.

저자

이 책의 사용법 *

이 책은, 제1부·제2부·제3부로 크게 나누어집니다.

제1부는, 중학생이 알아야 할 것, 틀리기 쉬운 것 등을, 항목별로, 교실에서 선생님이 설명해 주는 것처럼 알기 쉽게 해설했습니다.

제2부는, 문법의 지식을 정리해서, 중학생으로서 이것만 알고 있다면 충분할 정도로 한눈에 알 수 있도록 했습니다.

제3부는, 영문법 사전(찾아보기)입니다. 영문법에 대해 의문이 있을 때는 제3부를 사전식으로 활용하십시오.

이 책을 사용함에 있어서 다음 사항에 주의하십시오.

1. 어느 페이지부터 읽기 시작해도 좋습니다. 굳이 처음부터 읽을 필요는 없습니다.
2. 모르는 것이 있으면, **제1부**를 보면, 그 문제점에 상당하는 항목이 있어서 문제점을 알기 쉽게 가르쳐 줍니다.
3. 학교에서 배운 것을 한층 더 정확히 해 두는 것이 중요합니다. 그것을 게을리하면 뒤에 오히려 귀찮게 됩니다. 때문에, 학교에서 배운 후에, 곧 이 책을 사용해서 자신의 지식을 정확히 해 주십시오.
4. 혼자서 공부하며 문제를 풀 때, 자신의 해답이 맞는지 틀리는지를 이 책으로 확실히 해 주십시오.
5. 이 책으로 우선 예비 지식을 얻고 학교에서 확실히 해 보십시오. 선생님의 설명이 이전보다도 더욱 분명하게 들릴 것입니다.
6. 영어 공부 전체 중의 어느 부분을 공부하고 있는가를 알기 위해서는, **제2부**를 보십시오.
7. 자신의 지식을 정리하고 싶을 때는, **제2부**를 사용하십시오.

차례

제1부. 영어의 구조

1. **…입니다. …입니까? (This is…. Is this…?)** *18*
   「…입니다」라고 말할 때
   말의 순서 (어순)
   「…입니까?」라고 말할 때
   「…아닙니다」라고 말할 때
   「A인가? B인가?」를 물을 때
   대답법의 차이 점

2. **이것은, 저것은, 그것은 (this, that, it)** *21*
   this와 that의 다른 점
   it의 사용법

3. **나는 ~ 입니다. 당신은 ~ 입니다 (I am~. You are~.)** *22*
   「나는 ~ 입니다」라고 말할 때
   「당신은 ~ 입니다」라고 말할 때
   「그는 ~ 입니다」「그녀는 ~ 입니다」라고 말할 때
   「인칭대명사」와 「…입니다」

4. **펜, 톰 (a pen, Tom)** *24*
   이름을 말할 때

5. **나의, 당신의, 영수의 (my, your, Young-Soo's)** *25*
   「나의」에 대해서
   「당신의」에 대해서
   「그의」「그녀의」에 대해서
   his, her와 a에 대해서
   「톰의」에 대해서

6. **대문자, 소문자, 마침표 등** *28*
   대문자와 소문자
   대문자가 사용되는 곳
   마침표, 콤마 등

7. **~을 갖고 있습니다** (have, has) *29*
   「나는 ~을 갖고 있습니다」라고 말할 때
   have가 has로 변할 때
   「형(동생)이 있다」고 말할 때
8. **~을 원합니다. ~을 좋아합니다** (want~, like~) *32*
   「원합니다」와 「좋아합니다」
   want→wants, like→likes 의 변화
9. **do, does 의 사용법** *35*
   「~을 좋아합니까」라고 물을 때는
   does는 어떤 경우에 사용하는가?
   「~이 좋지 않다」라고 말할 때
10. **a 와 an의 사용법** *38*
    a 와 an을 필요로 하는 단어
11. **귀여운, 큰, 흰** (pretty, big, white) *39*
    「귀여운」「큰」등을 나타내는 말은
    「~은 길다」등을 나타낼 때는
12. **복수형과 수를 세는 법** *42*
    둘 이상의 사물을 나타낼 때
    복수형 만드는 법
    복수형의 s, es의 세 가지 발음
    수를 세는 법
13. **이것들은 ~ 입니다. 우리는 ~ 입니다** (These are~. We are~.) *47*
    「이것들은 ~입니다」라고 말할 때
    「우리는 ~입니다」라고 말할 때
    「이것들은 ~입니까?」라고 말할 때
    「이것들은 ~입니까?」의 대답
14. **무엇, 누구, 얼마나** (What …? Who …? How many …?) *50*
    「무엇인가?」라고 물을 때
    「무엇을 갖고 있는가?」라고 물을 때
    「누구인가?」라고 물을 때
    what을 사람에게 사용하면
    「몇 개의 ~」라고 수를 물을 때

15. **나를, 당신을, 그를** (me, you, him) 53
    「나를」에 대해서
    「톰을」「책을」에 대해서
16. **몇 개의, 조금도 ~ 없다** (some, any, no) 55
    「몇 개의」라고 말할 때
    「몇 개인가의~」라고 묻고,「조금도 ~없다」고 말할 때
    「조금도 ~없다」를 나타낼 때
17. **a, an 과 the** 57
    「그~」를 나타낼 때
18. **내 것, 당신의 것, 누구의 것 등** (mine, yours, whose) 58
    「~의(것)」의 화법은
    「누구의(것)」라고 말할 때는
19. **~의 속에, 위에, 아래에** (in, on, under) 61
    「~의 속에」「~의 위에」를 나타낼 때는
20. **어디에 ~ 이 있습니까?** (Where …?) 63
    장소를 물을 때는
    「여기에」「거기에」를 나타낼 때
21. **…이 있다. 여기에 … 이 있다** (There is …. Here is ….) 65
    「…이 있다」라고 말할 때
    「여기에 …이 있다」라고 말할 때
22. **…이 있습니까? … 은 없습니다** (Is there …? There is not ….) 67
    「…이 있습니까?」라고 물을 때
    「…은 없습니다」라고 말할 때
23. **의문문의 여러가지** 68

    Are you …? Do you …?

    Have you …? Do you have …?

    의문사로 시작하는 의문문

    의문사가 있는 질문에 대한 대답법

    여러 가지 의문사
24. **…하시오. …해 주세요** (Open the door. Stand up) 73
    명령문이란
    「…해 주세요」라고 부탁할 때는

「…해서는 안 됩니다」라고 말할 때는
「…합시다」라고 말할 때
25. **어쩌면 … 일까** (What … ! How … !) 76
「어쩌면 …일까」를 나타낼 때는
26. **보다 큰, 가장 큰** (taller, tallest) 78
비교급, 최상급이란
비교급, 최상급 만드는 법
비교급을 사용한 문장
최상급을 사용한 문장
「어느 쪽이 보다~?」「누가 가장~?」
부사의 비교
27. **…하고 있습니다. …하는 중입니다** (I am -ing. You are -ing.) 82
「…하고 있습니다」「…하는 중입니다」를 나타낼 때는
동사에 ing를 붙일 때는
현재진행형의 의문과 부정형은
28. **~할 수 있다. ~할 수 없다** (can, cannot) 85
「~할 수 있다」를 나타낼 때는
can에는 s가 붙지 않는다.
「…할 수 없다」를 나타낼 때는
「…할 수 있는가?」를 물을 때는
29. **몇 시입니까?** (What time is it?) 87
「시간」을 물을 때는
「~분 후」「~분 전」을 말할 때는
30. **~시에, ~ 일에** (at six, on Sunday) 90
시간, 요일을 나타낼 때는
월일을 나타낼 때는
기후를 나타낼 때는
31. **몇 살입니까?** (How old …?) 94
나이를 말할 때
사물의「길이」「높이」등을 말할 때는
32. **처음 뵙겠습니다** (How do you do?) 96
처음 만났을 때의 인사는

매일매일의 인사는
헤어질 때의 인사는
33. **~ 했다 (과거형)** *98*
　　지나간 일을 말할 때는
　　형을 바꾸어 과거의 일을 나타낸다.
　　과거형에는 3인칭의 s 는 필요 없다.
34. **~ 했는가? ~ 하지 않았다. ~ 하고 있었다**
　　(과거의 의문, 부정, 진행형) *101*
　　과거 의문형은
　　　was, were, had 의 경우는
　　과거부정형은
　　　was, were, had 의 경우는
　　과거진행형이란
　　과거진행형의 의문형과 부정형은
35. **~ 할 것입니다 (be going to~)** *104*
　　「~할 것(예정)입니다」를 말할 때는
　　「~할 계획」을 말할 때는
36. **~ 일 것입니다 (will, shall)** *107*
　　「~일 것입니다」를 말하는 법
　　will 과 shall 의 구별은
　　의문형과 부정형은
37. **…하지않겠습니까? …할까요? (Will you …? Shall I …?)** *109*
　　상대방에게 부탁할 때는
　　상대의 의견을 물을 때는
38. **한 컵의 ~, 한 장의 ~ (a cup of~, a piece of~)** *111*
　　「한 컵의~」「한 장의~」를 말할 때는
　　「두 자루의~」「세 잔의~」를 말할 때는
39. **많은, 적은 (many, much ; few, little)** *113*
　　「많은」을 나타낼 때는
　　「적은」을 나타낼 때는
　　「조금밖에 없다」를 나타낼 때는
40. **a 와 the 의 사용법** *115*

a와 the의 사용법
the의 특별한 사용법
a와 the가 붙지 않을 때

41. ~해도 좋다. ~하지 않으면 안 된다 (may, must) *118*
「~해도 좋다」를 나타낼 때는
「~하지 않으면 안 된다」를 나타낼 때는
「~이 아닐지도 모른다」「~해서는 안 된다」를 나타낼 때는
「~해도 좋습니까?」라고 물을 때는

42. ~하지 않으면 안 된다. ~할 수 있다 (have to ; be able to) *121*
「~하지 않으면 안 된다」의 표현법
「…하지 않으면 안 됐다」「…하지 않으면 안 될 것이다」를 나타낼 때는
「할 수 있다」의 표현법

43. aren't, don't, can't 등 *125*
단축형의 aren't, don't 등에 대해서

44. …이군요? (isn't it ?, do you ?) *126*
「…이군요」와 같은 화법

45. …하는 것. …할 것. …하기 위해서 [부정사] *128*
부정사란
부정사의 용법이란

46. 어떻게 ~하다. 무엇을 ~하다 등 (how to~, what to~) *131*
「어떻게 ~하다」「무엇을 ~하다」 등을 말할 때는

47. …하는 것 [동명사] *133*
「…하는 것」을 말할 때는

48. …한 참이다. …한 일이 있다 [현재완료] *135*
현재완료형이란
현재완료가 나타내는 의미는
현재완료의 의문형은
현재완료의 부정형은
현재완료와 함께 사용되는 말을 정리하면

49. 귀여움 받다. 가르침을 받다 [수동태] *139*

　　　　수동태란
　　　　수동태가 나타내는 의미는
　　　　능동태가 수동태로 바뀔 때는
　　　　수동태의 의문문은
　　　　수동태의 부정문은
50. **태어났다. 놀랐다** (be born, be surprised) *141*
　　　　형태는 수동태이지만
51. **현재분사** *143*
　　　　현재분사가 형용사의 역할을 할 때
　　　　「…이 ~하고 있는」것을 보다(듣다, 느끼다)를 나타낼 때는
52. **과거분사** *145*
　　　　과거분사가 형용사 역할을 할 때
53. **언제나, 때때로, …도 또한**(always, sometimes ; too, either) *147*
　　　　「언제나」「때때로」등을 나타내는 말은
　　　　just와 just now 의 다른 점
　　　　too와 either 의 다른 점
　　　　already와 yet 의 다른 점
　　　　very와 much 의 다른 점
54. **in, on, at 등 [전치사]** *151*
　　　　「~ 안에」「~ 위에」등을 나타낼 때는
　　　　장소를 나타내는 전치사
　　　　시간을 나타내는 전치사
　　　　여러 가지 전치사
　　　　전치사를 이용한 여러 가지 화법
55. **책상 위의 책 등 [형용사구]** *159*
　　　　「책상 위의 책」
56. **and, or 등 [등위접속사]** *161*
　　　　and와 or
　　　　명령문 뒤의 and와 or
57. **when, that 등 [종속접속사]** *163*

「…의 때」「…라는 것」을 표현할 때
when, that 이외의 종속접속사

58. **「…만큼, …처럼, …같이」[상관접속사]** *166*
「…만큼, …처럼, …같이」를 나타낼 때
as ~ as …의 부정형

59. **가능한 한~ (as ~ as …can)** *168*
「가능한 한~」을 나타낼 때

60. **형용사의 위치와 어순** *170*
형용사+명사의 순서가 보통
형용사가 명사의 뒤에 올 때가 있다.

61. **부사의 위치** *172*
부사의 위치
부사가 둘 이상 사용될 때의 순서

62. **어디에 있는가? 등 (where he is 등)** *174*
의문문과 명사절

63. **…인 사람(사물) [관계대명사]** *177*
명사의 수식방법
관계대명사가 주격일 때
관계대명사가 소유격일 때
관계대명사가 목적격일 때
관계대명사가 생략되었을 때

64. **…인 장소(시간) 등 [관계부사]** *182*
관계대명사와 관계부사의 다른 점

65. **…하는 것은 ~다 (It ~ to…)** *184*
주부가 길 때

66. **너무 ~해서 …할 수 없다 (too ~ to…)** *185*
「너무 ~해서 …할 수 없다」고 말할 때
「… 하기에 충분히」를 나타낼 때
「~이기 때문에 (그 결과) …」를 나타낼 때

67. **…하는 것을 (보았다), …하지 않도록 [to 없는 부정사, 부정사의 부정형]** *188*

「…하는 것을 보았다」를 나타낼 때
「…하지 않도록」을 나타낼 때
「…시키다」를 나타낼 때
「…하는 편이 좋다」를 나타낼 때

68. …이지만, …하자마자 등[접속사(1)] *191*

「…이지만」등을 나타낼 때
「…하자마자」를 나타낼 때

69. ~도 ~도, ~뿐 아니라 ~도[접속사(2)] *193*

「~도 ~도」를 나타낼 때
「~뿐 아니라 ~도」를 나타낼 때
「~든지 ~든지 어느 쪽이든지」를 나타낼 때
「~도 ~도 ~아니다」를 나타낼 때

70. … 인 것을 알고 있다[시제의 일치] *196*

「시제의 일치」란

제2부. 문법 정리

1. **명사 (Noun)** *200*

    명사의 종류
    명사의 수
    명사의 격
    명사의 용법

2. **대명사 (Pronoun)** *204*

    대명사의 종류
    인칭대명사
    지시대명사
    부정대명사
    의문대명사
    관계대명사

3. **형용사 (Adjective)** *213*

    형용사의 종류
    형용사의 용법

　　　　　특별한 숫자 읽는 법
　　　　　비교
4. **관사** (Article) *218*
5. **부사** (Adverb) *221*
　　　　　부사의 종류
　　　　　단순부사
　　　　　의문부사
　　　　　관계부사
6. **동사** (Verb) *226*
　　　　　동사의 종류
　　　　　5문형
　　　　　동사의 활용
7. **과거** (Past)・**현재** (Present)・**미래** (Future) *230*
8. **진행형** (Progressive Form) *232*
9. **현재완료** (Present Perfect Tense) *234*
10. **수동태** (Passive Voice) *237*
11. **조동사** (Auxiliary Verb) *240*
　　　　　조동사의 종류
12. **부정사** (Infinitive) *247*
　　　　　부정사의 성질
　　　　　부정사의 용법
　　　　　to가 붙지 않는 부정사의 용법
　　　　　부정사의 의미상의 주어
　　　　　주의해야 할 부정사의 용법
13. **분사** (Participle) *249*
　　　　　분사의 종류와 용법
14. **동명사** (Gerund) *250*
　　　　　동명사의 용법
　　　　　동명사와 부정사
15. **전치사** (Preposition) *252*
　　　　　전치사의 종류와 용법

16. **접속사** (Conjunction) *257*
    접속사의 종류와 용법
17. **감탄사** (Interjection) *259*
    감탄사의 종류와 용법
18. **구와 절** (Phrases and Clauses) *261*
    구의 종류와 역할
    절의 종류와 역할
19. **문장의 종류** (Kinds of Sentences) *263*
    문장
    주부와 술부
    문장의 종류
    의문문, 부정문 만드는 법
    감탄문 만드는 법
    단문, 중문, 복문
20. **시제의 일치** (Sequences of Tenses) *267*
    시제일치의 방법
    「시제의 일치」를 사용하지 않을 때

제3부. 영문법 사전
    / 찾아보기 *270*

제1부
영어의 구조

1. 틀리기 쉬운 점을 꼭 외웁시다.
2. 자신없는 점을 곧 확인합시다.
3. 의문이 생기는 점부터 해결합시다.
4. 어디부터라도 시작해 봅시다.
5. 같은 문제를 몇 번이고 반복합시다.

I. …입니다. …입니까?

(This is…. Is this…?)

> 디스 이즈 어 펜
> **This is a pen.**
> 이것은 (한 자루의) 펜입니다.

* 「…입니다」라고 말할 때

영어에서, 「…입니다」라고 말할 때는 is를 사용합니다. 국어에서는 「입니다」는 문장 맨 뒤에 오지만, 영어에서는 This(이것)의 다음에 옵니다.

이 문장을 말할 때는, pen부분을 내리는 듯한 어조로 말합니다.
「이것은…입니다」(This is…)의 형을 **긍정문**이라 합니다.

* 어순(語順; 말의 순서)

영어와 국어는 어순이 다릅니다.

　　이것은① (한 자루의③) 펜④ 입니다②. ⑤

　　This① 　　is② 　　a③ 　　pen④ 　　.⑤

> 이즈 디스 어 펜
> **Is this a pen?**
> 이것은 (한 자루의) 펜입니까?

* 「…입니까?」라고 말할 때

국어에서는, 「…입니다」가 「…입니까?」가 되어서 질문이 되지만, 영어에서는, This (이것)와 is (입니다)의 순서를 바꾸어서 의문을 나타냅니다.

이 문장을 말할 때는, pen 부분을 조금 올리는 듯한 어조로 말합니다.

이 형은 「…입니까?」하고 묻고 있기 때문에 **의문문**이라 합니다. 의문문 끝에는 **의문부호(?)**를 붙입니다.

> 디스 이즈 낫 어 펜
> This is **not** a pen.
> 이것은 (한 자루의) 펜이 아닙니다.

* 「…아닙니다」라고 말할 때

국어에서는, 「…이다」를 「…아니다」로 바꾸어, 부정의 의미를 나타내지만, 영어에서는 **not**을 붙입니다. 그 위치는 **is**의 뒤이고, 문장의 끝이 아닙니다.

이 형태는 「…아니다」라는 부정의미를 나타내는 형으로, **부정문**이라 합니다.

> 이즈 디스 어 펜 오아 어 펜슬
> Is this a pen **or** a pencil?
> 이것은 (한 자루의) 펜입니까? 또는 (한 자루의) 연필입니까?

* 「**A**인가? **B**인가?」를 물을 때

 「A 또는 B 중 어느 쪽인가?」를 물을 때는, or를 사용합니다. 묻는 것 A와 B 사이에 or를 놓아, A or B로 합니다.

* 대답법의 다른점

 다음 두 개의 의문문은 대답법이 다릅니다.

 (a) Is this a pen? [Yes, No 가 필요]
 → **Yes**, it is (a pen). 또는, **No**, it is not (a pen).
 (b) Is this a pen **or** a pencil? [Yes, No 가 불필요]
 → It is a pen. 또는, It is a pencil.

---◇ 연 습 ◇---

1. 다음 문장을 부정문으로 하시오.
 (1) This is a cap. (2) This is a ball.
 (3) That is a desk. (4) That is a door.

2. 다음 문장을 의문문으로 하시오.
 (1) This is a pencil. (2) This is a window.
 (3) That is a map. (4) That is a ball.

● 해답
1. (1) This is not a cap. (2) This is not a ball.
 (3) That is not a desk. (4) That is not a door.
2. (1) Is this a pencil? (2) Is this a window?
 (3) Is that a map? (4) Is that a ball?

2. 이것은, 저것은, 그것은
(this, that, it)

<pre>
       디스   이즈 어 호스
(1) This is a horse.
    이것은 (한 마리의) 말입니다.
       댓   이즈 어 카우
(2) That is a cow.
    저것은 (한 마리의) 소입니다.
</pre>

* **this와 that의 다른점**

  this(이것)는, 「가까이에 있는 것」을 가리켜서, 「이것은…」이라고 말할 때 사용하고, That(저것)은, 「떨어진 곳에 있는 것」을 가리켜 「저것은…」이라고 말할 때 사용합니다.

<pre>
  이즈 디스 어 펜슬
  Is this a pencil?
    이것은 (한 자루의) 연필입니까?
   예스   잇 이즈
  Yes, it is.   예, 그렇습니다.
</pre>

* **it의 사용법**

  이미 말한 것(예문에서 this)을, 그대로 반복하지 않고, 그 대신으로 사용되는 것이 it으로, 「그것은」의 의미를 나타냅니다. 처음부터 「It is a pen.」처럼 말하지는 않습니다.

──◇ 연 습 ◇──

다음 문장의 ( )에, this나 it를 넣으시오.
(1) Is ( ) a book? No, ( ) is not.
(2) ( ) is a notebook.
(3) Is ( ) a desk or a table?
　　　( ) is a table.
(4) ( ) is not a horse.

● 해답
(1) this, it　　(2) This　　(3) this, It　　(4) This

3. 나는 ~입니다. 당신은 ~입니다

(I am~. You are~.)

> 아이　엠　어　퓨필
> **I am a pupil.**
> 　나는 (한 사람의) 학생입니다.

* 「나는 ~입니다」라고 말할 때
「나는」하고 말할 때는 "I"를 사용합니다. 그 때의 「…입니다」는 is 가 아니고 **am**입니다. 때문에, I⏝am을 묶어서 외우는 것이 좋습니다. I *is*…. 라는 말은 없습니다.

> 유　아　어　퓨필
> **You are a pupil.**
> 　당신은 (한 사람의) 학생입니다.

* 「당신은 ~입니다」라고 말할 때
「당신은」하고 말할 때는 "you"를 사용합니다. 그 때의 「…입니다」는 am도 is도 아닌, **are**입니다. 때문에 You－are를 묶어서 외우는 것이 좋겠죠.

> 히 이즈 어 퓨필
> **He is a** pupil.
> 그는 (한 사람의) 학생입니다.
> 쉬 이즈 어 퓨필
> **She is a** pupil.
> 그녀는 (한 사람의) 학생입니다.

* 「그는 ~입니다」「그녀는 ~입니다」라고 말할 때

말하는 상대 이외의 남자를 말할 때는 **he**, 여자를 말할 때는 **she**를 사용합니다. you의 경우에는 남녀의 구별이 없지만, he·she의 경우는 구별이 있습니다. 그 때의 「…입니다」는 is이고, am·are가 아닙니다.

* 「인칭대명사」와 「…입니다」

I·you·he·she 등은 「사람」을 말할 때 사용되기 때문에 **인칭대명사**라고 합니다. I를 1인칭, you를 2인칭, he·she를 3인칭이라 합니다.

인칭대명사와 「…입니다」와의 관계는 다음과 같습니다.

     I—am   You—are   He—is   She—is

———◇ 연 습 ◇———

1. 다음 문장의 (   )에 am, are, is 중 바른 것을 넣으시오.
   (1) I (   ) not a teacher.
   (2) (   ) you a doctor?   Yes, I (   ).
   (3) (   ) she a pupil?

2. 다음 문장의 (   )에 I, you, he, she 중 바른 것을 넣으시오.
   (1) (   ) is Tom.   (2) (   ) are not a teacher.
   (3) (   ) am a boy.

● 해답

1. (1) am   (2) Are, am   (3) Is
2. (1) He   (2) You   (3) I

4. 펜, 톰

(a pen, Tom)

(1) This is **a boy**.
   이것은 (한 사람의) 소년입니다.
(2) He is **Tom Brown**.
   그는 톰 브라운입니다.

＊ 이름을 말할 때

이름을 말하는 법은, 영어와 국어는 순서가 다릅니다. 예를 들면, 「홍 길동」을 영어식으로 말하면 「길동 홍」이 됩니다. 때문에 Tom 이 이름이고 Brown 이 성입니다.

이름을 쓸 때는, 처음 한자를 대문자로 씁니다.

또한, He is **a** Tom Brown. 처럼 "a"를 붙이지 않습니다. 이름은 그 사람만의 것이기 때문에, Tom 또는 Brown 을 **고유명사**라고 합니다. 그러므로, 고유명사에는 "a"를 붙이지 않는 것입니다.

그와 반면에, boy (소년) 혹은 pen (펜) 등을 **보통명사**라고 하며, 여기에는 "a"를 붙이지 않으면 안 됩니다. This is boy. 라고 말하면 틀립니다. 이 "a"는 중요한 말이지만, 국어에서는「한 사람의」「하나의」 등으로 일일이 해석하지 않습니다. 때문에,「이것은 책입니다」라는 문장을, 영어로 옮길 때,「This is book.」하면 틀리므로,「This is **a** book.」하지 않으면 안 됩니다.

―――◇ 연 습 ◇―――

다음 문장의 (   )에 a가 필요합니까? 필요하면 ○를, 필요치 않으면 ×를 하시오.

(1) You are (   ) pupil.   (2) I am (   ) Chull-Soo.
(3) That is (   ) Helen.   (4) She is (   ) nurse.

● 해답
(1) ○   (2) ×   (3) ×   (4) ○

5. 나의, 당신의, 영수의
(my, your, Young-Soo's)

> 마이 네임 이즈   김영수
> **My** name is Kim Young-Soo.
>   내 이름은 김영수입니다

* 「나의」에 대하여

 「나는」과「나의」와는「은」「의」가 다릅니다만, 영어에서는 "I"가

"my"로 바뀝니다. 그래서, 「내 이름은」하고 말할 때는 **my** name이 되고, I name은 안 됩니다. 마찬가지로, 「나의 펜」은 **my** pen입니다.

> 이즈 톰 유어 브라더
> Is Tom **your** brother ?
> 톰은 당신의 형(동생)입니까 ?

* 「당신의」에 대해서

 「당신의」의 경우도 형(形)이 변하여, you가 your가 됩니다. 「당신의 모자」는 **your cap**이고, **you cap**이 아닙니다.

 예문을 조금 바꾼 다음 문장에 대해 연구해 봅시다.

 Is your brother Tom ? (당신의 형(동생)은 톰입니까 ?)

 이 문장에서 your가 사용되고 있지만, your brother는 you (당신)와 달리, he의 의미를 갖고 있기 때문에 「…입니다」는 **Is**를 사용하고, Are를 사용하지 않습니다.

 비교⇨ **Are** you Tom ? (당신은 톰입니까 ?)

> 히즈   시스터 이즈 어   티쳐
> (1) **His** sister is a teacher.
> 그의 누나(여동생)는 선생님입니다.
> 디스   이즈 허   노우트북
> (2) This is **her** notebook.
> 이것은 그녀의 노트입니다.

* 「그의」 「그녀의」에 대해서

이 경우에도, 형태가 바뀝니다. he→his, she→her가 됩니다. 그래서 「그의 책」은 **his book**, 「그녀의 책상」은 **her desk**가 됩니다.

* **his, her**와 a에 대해서

예문(2)처럼, her을 사용할 때는, a를 함께 쓰지 않기 때문에 **her** notebook 이 됩니다. 이것은 my, your, his에 대해서도 마찬가지 입니다.

잘못된 예/ Is this **a** your dog?

This is **a** my pencil.

이즈 댓   톰즈   하우스
Is that **Tom's** house ?
저것은 톰의 집입니까?

---

* 「톰의」에 대해서

톰과 같은 경우에는, 형태가 바뀌지 않기 때문에 "'s"를 붙여 「…의」 의미를 나타냅니다. 다음의 예도 같습니다.

my brother's bat (나의 형(동생)의 배트)
his uncle's car   (그의 아저씨의 자동차)

이 예로부터, brother, unlce 등(**명사**라고 합니다)에 대해서 「…의」라고 말할 때는 's를 붙이고, I·you·he 등 (**대명사**라고 합니다)에는 형태가 바뀌게 됩니다.

I   → my   you → your   he   → his
she → her   Tom → Tom's   teacher → teacher's

――◇ 연   습 ◇――

다음 문장의 (   )안의 말을 「…의」의 의미를 나타내는 형태로 바꾸어 전체 문장을 말하시오.

(1) That is (I) desk.   (2) Is this (you) pencil?
(3) Tom is (he) friend.   (4) Are you (she) brother?
(5) I am (Mary) classmate.

● 해답
(1) That is *my* desk.   (2) Is this *your* pencil?
(3) Tom is *his* friend. (4) Are you *her* brother?
(5) I am *Mary's* classmate.

6. 대문자, 소문자, 마침표 등

> 아 유 보브
> **Are you Bob?**
>   당신은 보브입니까?
> 예스 아이 엠
> **Yes, I am.**
>   예, 그렇습니다.

* 대문자와 소문자
  알파벳에는 대문자와 소문자의 구별이 있습니다. 예를 들어, A에 대해 말하면, "A"가 대문자이고, "a"가 소문자입니다. 이것은, 글씨의 크기에 대해 말하는 것이 아니고, 다른 형태인 것입니다. 때문

에, A를 아무리 작게 써도 대문자임에는 변함없습니다. 물론 c. v. w. x. z 처럼 크기로 구별되는 것도 있습니다.

* 대문자가 사용되는 곳
  (1) 문장의 처음 한 자
      (예문의 Are의 A)
  (2) 이름의 처음 한 자(Bob의 B)
  (3) I 는 언제나 대문자

이것들 이외에 특히 주의를 끌고 싶은 곳에도 대문자를 사용합니다.

* 마침표, 콤마 등

 마침표(피리어드)는 문장 끝에 붙입니다.
 의문부호(퀘스천마크)는 의문문 끝에 붙입니다.
 콤마는 Yes와 No의 뒤에 붙입니다.

───◇ 연　습 ◇───

다음 문장은 전부 소문자로 쓰여지고, 기호도 붙어 있지 않습니다. 바르게 고쳐쓰시오.

(1) this is a chair　　　　(2) chull soo lee
(3) no i am not a pupil

● 해답

(1) This is a chair.　　　　(2) Chull-Soo Lee?
(3) No, I am not a pupil.

7. ~을 갖고 있습니다

(have, has)

```
       아이  해브   어   북
       I  have  a  book.
           나는 책을 갖고 있습니다.
```

* 「나는 ~을 갖고 있습니다」라고 말할 때

「갖고 있다」라고 말할 때 have를 사용합니다. 이 말은 I (나는), you (당신은)와 연결합니다. I have~, You have~의 "~"부분에 「갖고 있는 것」을 넣으면, 「나는 ~을 갖고 있습니다」「당

신은 ~을 갖고 있습니다」라는 의미를 나타냅니다.

> 톰   해즈   어   펜슬
> **Tom has a pencil.**
> 톰은 연필을 갖고 있습니다.

* **have** 가 **has** 로 변할 때

　같은「갖고 있습니다」라는 의미라도, 주어가 he, she, it 일 때는 have 가 has 로 바뀌어 사용됩니다.「~입니다」일 때도 is 나 am, are 를 사용하는 것처럼, 영어에서는 주어가 변하면, 동사의 형태가 변하게 됩니다.

　I　　⎫
　You ⎭ **have** a pencil.

　Tom (He) **has** a pencil.

[주] I 와 you 는, I has~. You has~. 라는 말은 절대로 없습니다.

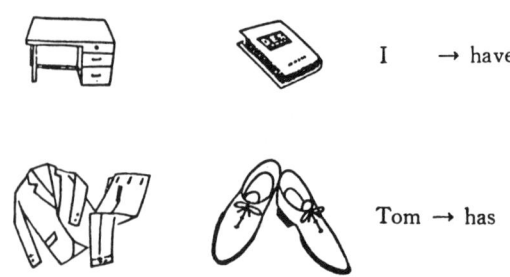

「구두」의 신발은 짝짝이가 아니라 켤레입니다.

> 메리   해즈   어   브라더
> **Mary has a brother.**
> 메리는 오빠(동생)가 있습니다.

7. ~을 갖고 있읍니다 / 31

* 「형(동생)이 있다」고 말할 때

영어의 have (has) 는, 「손에 갖고 있다」의 경우뿐 아니라, 다음과 같이 여러 경우에 사용됩니다.

   I **have** a sister. (나는 언니(여동생)가 있습니다.)
   You **have** a piano. (당신은 피아노를 갖고 있습니다.)
   Tom **has** a cat.   (톰은 고양이를 키우고 있습니다.)

──◇ 연   습 ◇──

1. 다음 그림에 나타난 것을, I have …의 뒤에 붙여서, 각각 영작문을 하시오.

 [예] I have a book.

2. 문 1에서 만든 문장의 I 를 Tom 으로 바꾸어 문장을 고치시오.
 [예] I have a book. → Tom has a book.

3. 다음 문장의 ( )에 have 나 has 를 넣으시오.
 (1) I ( ) a pen.   (2) You ( ) a sister.
 (3) He ( ) a horse. (4) Mary ( ) a table.

● 해답
1. (1) I have a pencil.   (2) I have a desk.
 (3) I have a cap.   (4) I have a dog.
 (5) I have a doll.   (6) I have a piano.
 (7) I have a ball.

2. (1) Tom has a pencil.   (2) Tom has a desk.
   (3) Tom has a cap.   (4) Tom has a dog.
   (5) Tom has a doll.   (6) Tom has a piano.
   (7) Tom has a ball.
3. (1) have (2) have (3) has (4) has

8. ~을 원합니다. ~을 좋아합니다
(want~, like~)

<small>아이 원트   언   애플</small>
(1) I **want** an apple.
　　나는 사과 한 개를 원합니다.

<small>아이 라이크   애플즈</small>
(2) I **like** apples.
　　나는 사과를 좋아합니다.

---

* 「원합니다」와 「좋아합니다」.

「원합니다」는 want, 「좋아합니다」는 like를 사용합니다. 이 경우, 어순은 have의 경우와 같습니다. 단지, 주의하지 않으면 안 되는 것은, 뒤에 오는 명사의 형태입니다.

I want ~. 의 경우, ~의 부분에「원하는 수」를 넣어 말합니다. 한 개라면 an apple, 세 개라면 **three**

apples처럼 말하여, 때에 따라서 변합니다. 그러나 「사과를 좋아합니다」의 경우에는, 복수형을 사용합니다.

[예] I **like** oranges.   (나는 오렌지를 좋아합니다.)
   I **want** an orange. (나는 오렌지 하나를 원합니다.)

   I **like** eggs.   (나는 계란을 좋아합니다.)
   I **want** two eggs. (나는 계란 두 개를 원합니다.)

---

(1) He **wants** a pear.
   히 윈쯔 어 패어
   그는 배를 하나 원합니다.
(2) He **likes** pears.
   히 라익스 패어즈
   그는 배를 좋아합니다.

---

* want → wants, like → likes 의 변화

주어가 3인칭단수(he, she, it)의 경우, have 가 has 로 바뀌는 것처럼, want, like 와 같은 동사도, 주어가 3인칭단수의 경우에는, 어미에 s (혹은 es)를 붙입니다.

[예] { I **play** baseball every day.
    { He **plays** baseball every day.

$$\begin{cases} \text{I } \mathbf{go} \text{ to school.} \\ \text{She } \mathbf{goes} \text{ to school.} \end{cases}$$

―――◇ 연　습 ◇―――

1. 예문처럼, 다음 그림을 I want~. 의 뒤에 이어서 작문하시오.

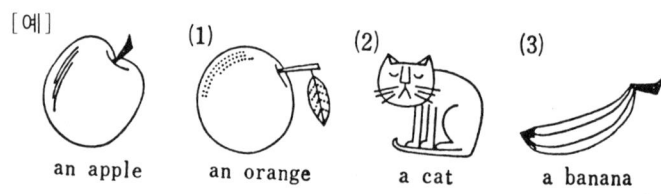

[예]　an apple　　(1) an orange　　(2) a cat　　(3) a banana

[예] **I want an apple**.

2. 문 1의 문장을 like를 사용해서 작문하시오.

[예] **I like** apples.

3. 문 2의 문장의 I를 Tom으로 바꾸어 작문하시오.

[예] **Tom** likes apples.

● 해답

1. (1) I want an orange.　　(2) I want a cat.
   (3) I want a banana.
2. (1) I like oranges.　　(2) I like cats.
   (3) I like bananas.
3. (1) Tom likes oranges.　　(2) Tom likes cats.
   (3) Tom likes bananas.

9. do, does의 사용법

> 두 유 라이크 애플즈
> **Do you like apples?**
> 당신은 사과를 좋아합니까?

* 「~을 좋아합니까?」라고 물을 때

   am, are, is가 있는 문장에서는, 이 동사를 주어 앞에 오게 하면 의문문이 되지만, like, have, want 등의 동사가 있는 문장에서는, 문장 맨 앞에 Do를 붙이면 의문문이 됩니다.

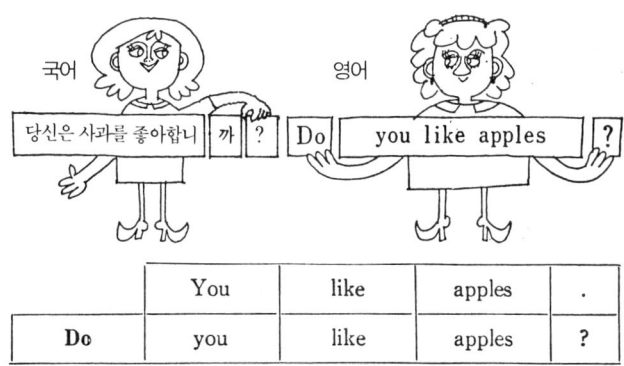

	You	like	apples	.
Do	you	like	apples	?

You want a pen.
   → **Do** you want a pen?
      (당신은 펜을 원합니까?)

> 다즈 히 라이크 애플즈
> **Does he like apples?**
> 그는 사과를 좋아합니까?

* **does**는 어떤 경우에 사용하는가?

   He likes apples. (그는 사과를 좋아합니다.)

이와 같은 문장을 의문문으로 옮길 경우에는 Do를 Does로 바꾸어 사용합니다.

Does he like apples?

이 경우에 중요한 것은, likes의 s가 빠지는 것입니다. Does는 likes 나 wants 의 형태와 함께 사용될 수 없습니다.

She wants a book.
→ **Does** she **want** a book?
(그녀는 책을 원합니까?)
잘못된 예/ Does she **wants** a book?
Do she **wants** a book?

유 두 낫 라이크 오린지스
You **do not like** oranges.
당신은 오렌지를 좋아하지 않습니다.
톰 다즈 낫 라이크 애플즈
Tom **does not like** apples.
톰은 사과를 좋아하지 않습니다.

---

* 「~이 좋지 않다」라고 말할 때는
「~이, 아니다」처럼 부정의미를 나타낼 때는, not을 사용하지만,

like, want 등의 경우는, not만으로는 불충분하여, do·does를 첨가해서 do not, does not으로 하지 않으면 안 됩니다.

    I **do not** like apples.
      (나는 사과를 좋아하지 않습니다.)
    She **does not** like apples.
      (그녀는 사과를 좋아하지 않습니다.)

not은 do와 함께라야 사용될 수 있습니다. does를 사용하는 경우는, likes가 like로 변하는 것으로, 의문문의 경우와 같습니다.

    잘못된 예/ Tom does not **likes** apples.

──◇ 연   습 ◇──

각 A문장을 의문문으로 고칠 때는, B문장의 ( )에 어떤 말을 넣으면 좋을까요?

(1) A. You like oranges.
    B. ( ) you ( ) oranges?
(2) A. You want an apple.
    B. ( ) you ( ) an apple?
(3) A. He likes baseball.
    B. ( ) he ( ) baseball?
(4) A. Tom's sister likes cats.
    B. ( ) Tom's sister ( ) cats?

● 해답
(1) Do, like   (2) Do, want   (3) Does, like   (4) Does, like

I O. a와 an의 사용법

(1) I have **a** book in my bag.
　　아이 해브 어 북 인 마이 백
　　나는 가방 속에 책 한 권을 갖고 있습니다.

(2) I want **an** apple.
　　아이 원트 언 애플
　　나는 사과 한 개를 원합니다.

＊ a와 an을 필요로 하는 단어

「책」「사과」「연필」처럼, 셀 수 있는 **명사**가「한 자루」「하나」의 단수일 경우에는, 「하나의」라는 의미를 나타내는 a를 붙입니다. 이 a를 **관사**라 합니다.

관사는, 이를테면 명사에 씌우는 모자와 같은 것입니다.

명사가, 아·이·우·애·오의 모음으로 시작될 때는 a가 아니라 an을 붙입니다. 발음을 부드럽게 하는 구별로, 관사로서의 역할은 같습니다.

주의 ➡ 1. 국어에서는 사물에 따라 세는 방법이 다릅니다. 책은「책 한 권」, 고양이는「한 마리」이지만, 영어에서는 이 구별이 없습니다. 「one book」「one cat」로 합니다. 그러나, 이것은 수를 강조하는 경우이고, 보통은, 관사 a나 an을 붙이면 됩니다. 때문에, a book, a cat은 일일이「책 한 권」「고양이 한 마리」처럼 해석할 필요는 없습니다.

2. 명사가 복수형일 때는, a·an을 붙여서는 안 됩니다.

──◇연　　습◇──

1. 다음 문장의 (　) 에 a 나 an 을 넣으시오
   (1) This is (　) pen.
   (2) That is (　) notebook.
   (3) Is that (　) apple?
   (4) I want (　) orange.
   (5) He wants (　) egg.

2. 다음 문장의 (　) 에 a 가 필요하면 ○표, 필요 없으면 ×표를 하시오.
   (1) I have (　) two books.
   (2) I want (　) pencil.
   (3) He has (　) sister.
   (4) Do you like (　) dogs?

● 해답
1. (1) a　(2) a　(3) an　(4) an　(5) an
2. (1) ×　(2) ○　(3) ○　(4) ×

II. 귀여운, 큰, 흰

(pretty, big, white)

>　　디스　이즈　어　프리티　　돌
>　This is a **pretty** doll.
>　이것은 귀여운 인형입니다.

* 「귀여운」「큰」 등을 나타내는 말은

　「귀여운」「큰」「흰」 등은 「사물」에 대해 설명할 때 쓰는 말로, 국어의 경우와 마찬가지로 「사물」의 앞에 놓입니다.

/제1부. 영어의 구조

이처럼 명사의 앞에서, 그 명사가 나타내는 사물의 크기, 형태, 성질, 색 등을 설명하는 말을 **형용사**라 합니다.

[예] Bob has a **big** dog. (보브는 큰 개를 키우고 있습니다.)
　　 Is that a **white** cat? (저것은 흰 고양이입니까?)

주의➡ That is **an** apple (저것은 사과입니다)에서 red(빨간)로 바꾸면, That is **a** red apple (저것은 빨간사과 입니다)가 되고, an이 아니라 a가 되는 것은 red의 첫 음이 모음이 아니기 때문입니다.

　　　디스　이즈 어　롱　　펜슬
(1) This is a **long** pencil.
　　　이것은 긴 연필입니다.
　　　디스　　펜슬　이즈　롱
(2) This pencil is **long**.
　　　이 연필은 길다.

---

* 「~은 길다」등을 나타낼 때는
「이것은 긴 연필입니다」라는 화법과, 「이 연필은 길다」라는 두 화법은 영어에도 있습니다. 두 문장을 비교해 봅시다.

This		is	a	long	pencil	.
This	pencil	is		long		.

This pencil의 this는 「이것은」이 아니라「이」라는 의미입니다. 또

한, a long pencil에는 a를 붙이지만, long만일 때는 a를 붙이지 **않습니다**.

[예]
> That is a **red** flower. (저것은 빨간 꽃입니다.)
> That flower is **red**. (저 꽃은 빨갛다.)

> Tom is a **tall** boy. (톰은 키가 큰 소년입니다.)
> Tom is **tall**. (톰은 키가 크다.)

———◇ 연　　습 ◇———

1. 다음 문장의 (　) 안에 문장을 더하여 새로운 문장을 만드시오.

   (1) This is an egg.　　(little)
   (2) Mary is a girl.　　(American)
   (3) Is that a horse?　　(white)
   (4) Young-Sik is a boy.　　(tall)

2. 예문처럼 다음 문장을 고치시오.

   [예] This is a pretty doll. → This doll is pretty.

   (1) This is a short pencil.
   (2) That is a big orange.
   (3) That is a small box.
   (4) Is this a black dog?

● 해답

1. (1) This is a little egg.　　(2) Mary is an American girl.
   (3) Is that a white horse?　　(4) Young-Sik is a tall boy.
2. (1) This pencil is short.　　(2) That orange is big.
   (3) That box is small.　　(4) Is this dog black?

I 2. 복수형과 수를 세는 법

아이 해브 투 북스
I have two books.
나는 두 권의 책을 갖고 있습니다.

* **둘 이상의 사물을 나타낼 때**

  국어에서는, 「책 한 권」이나 「책 두 권」을 말해도 「책」은 변함없지만, 영어에서 「책 한 권」은 a book, 「책 두 권」은 two books 가 되어, book을 books로 고치지 않으면 안 됩니다. 영어에서는 하나의 사물 (단수라 말합니다)을 나타내는 경우와, 둘 이상의 사물 (복수라 말합니다)을 나타내는 경우를 분명히 구별합니다.

* **복수형 만드는 법**

  명사의 복수형은, 보통 어미에 s 또는 es를 붙여 만들지만, 때로는 그와는 달리 만들어지는 것도 있습니다.

  (1) 어미에 s를 붙인다.

  $$cap \rightarrow caps$$

  (2) s, x, sh, ch, 또는 「자음+o」로 끝나는 말에는 -es를 붙인다.

church → churches

(3) 「자음+y」로 끝나는 말은, y를 i 로 바꾸고 - es를 붙인다.

lady → ladies

(4) f, fe로 끝나는 말은, f, fe를 v로 바꾸고 es를 붙인다.

leaf → leaves

knife → knives

(5) 위와는 전혀 달리 만들어지는 것도 있다.

man → men

child → children

(6) 단수형과 복수형이 같은 것도 있다.

sheep → sheep

* 복수형의 **s, es** 의 세 가지 발음
 (1) [스]──books , desks
             cats
 (2) [즈]──pens , balls , birds
 (3) [이즈]─boxes , horses
             watches

> 어   이어   해즈   투웰브   먼디즈
> A year has **twelve** months.
>   1년은 12개월 입니다.

* 수를 세는법
 (1) 1부터 12까지는 다음과 같이 말한다.

1······one	2······two
3······three	4······four
5······five	6······six
7······seven	8······eight
9······nine	10······ten
11······eleven	12······twelve

 (2) 13부터 19까지는 맨 뒤에 teen 이 붙는다.
  13······thirteen
  14······fourteen
  15······fifteen
  16······sixteen
  17······seventeen
  18······eighteen
  19······nineteen

 (3) 20, 30, 40, 50, 60, 70, 80, 90 에는 ty가 붙는다.

20······twenty	30······thirty
40······forty	50······fifty
60······sixty	70······seventy

80······eighty 90······ninety

(4) 21, 34, 47······등은, 10자리와 1자리의 사이에 하이폰(-)을 놓는다.

21······twenty-one 22······twenty-two
23······twenty-three 34······thirty-four
47······forty-seven 55······fifty-five
68······sixty-eight 79······seventy-nine
87······eighty-seven 93······ninety-three

(5) 100이상일 때는, 100자리와 10자리 사이에 보통 and를 넣지만, 이것을 생략하는 경우도 있습니다.

100······hundred
1000······thousand
101······one hundred (and) one
366······three hundred (and) sixty-six
1578······one thousand five hundred (and) seventy-eight
    (fifteen hundred (and) seventy-eight)
3231······three thousand two hundred (and) thirty-one
    (thirty-two hundred (and) thirty-one)

주의➡ 4는 four이지만, 40은 fourty가 아니라 forty입니다. 철자를 잘 틀리기 쉬우니 주의합시다.

───◇ 연 습 ◇───

I. 다음 말을 복수형으로 고쳐 쓰시오.

(1) ball	(2) desk	(3) boy	(4) flower
(5) baby	(6) story	(7) leaf	(8) knife
(9) dish	(10) watch	(11) child	(12) foot

2. 다음 말을, 복수를 나타내고 있는 s 혹은 es가 [스]로 발음되는 것은 A, [즈]로 발음되는 것은 B, [이즈]로 발음되는 것은 C로 분류하시오.

(1) chairs (2) caps (3) girls (4) benches
(5) cats (6) pictures (7) boxes (8) flowers
(9) roses (10) maps (11) birds (12) notebooks
(13) dogs (14) horses (15) windows (16) cars

3. 다음 숫자를 영어로 말하시오.
(1) 11 (2) 14 (3) 49 (4) 78
(5) 61 (6) 28 (7) 93 (8) 85
(9) 253 (10) 627 (11) 1032 (12) 5396

● 해답

1. (1) balls (2) desks (3) boys (4) flowers
(5) babies (6) stories (7) leaves (8) knives
(9) dishes (10) watches (11) children (12) feet

2. A─(2) (5) (10) (12)
B─(1) (3) (6) (8) (11) (13) (15) (16)
C─(4) (7) (9) (14)

3. (1) eleven (2) fourteen (3) forty-nine
(4) seventy-eight (5) sixty-one (6) twenty-eight
(7) ninety-three (8) eighty-five
(9) two hundred and fifty-three
(10) six hundred and twenty-seven
(11) one thousand and thirty-two 또는 ten hundred and thirty-two
(12) five thousand three hundred and ninety-six
또는 fifty-three hundred and ninety-six

13. 이것들은~입니다. 우리는~입니다

(These are~. We are~.)

(1) **These are** books.
디즈 아 북스
이것들은 책입니다.
(2) **We are** pupils.
위 아 퓨필스
우리는 학생입니다.

* 「이것들은 ~입니다」라고 말할 때

「이것은 책입니다」는 This is a book. 이라 말하지만, 「이것들은 책입니다」라는 형태, 즉 「이것은 책입니다」의 복수형은 These are books.라고 합니다. 두 문장을 비교하여, 그 다른 점에 주의합시다.

| This | is | a | book. | [단수형] |
| These | are | | books. | [복수형] |

다음 사항이 다릅니다.

(a) this → these   (b) is → are
(c) a → ×   (d) book → books

* 「우리는 ~입니다」라고 말할 때

「나는 학생입니다」는 I am a pupil. 이지만, 「우리들은 학생입니다」는 We are pupils.라고 말합니다. 국어에서 단수형 문장과, 그 복수형의 문장과는 「들」을 붙일 뿐이지만, 영어에서는 전부가 바뀌게 됩니다.

| I | am | a | pupil. | [단수형] |
| We | are | | pupils. | [복수형] |

단수형	복수형
this	these
that	those
it	they

단수	복수
I	we
you	you
he she it	they

주의➡ 2인칭 you는, 단수형과 복수형이 같기 때문에, 뒤에 오는 말에 따라 판단하지 않으면 안 됩니다.

You are a pupil. [단수형]
You are pupils. [복수형]

아 디즈 북스
Are these books ?
이것들은 책입니까?
예스 데이 아 북스
Yes, they are (books).
예, 그렇습니다.

---

* 「이것들은 ~ 입니까?」라고 말할 때

복수형 문장의 의문문은, 단수형 문장의 경우와 같게 만듭니다. These와 are의 순서를 바꾸어 놓으면 됩니다. 문장 맨 앞에 오는 are를 Are로 하는 것, 문장 맨 뒤에 의문부호(?)를 붙이는 것을 잊어서는 안 됩니다.

	These	are	books	.
Are	these		books	?

* 「이것들은 ~ 입니까?」의 대답

Are **these** books ? 라는 의문문에 대한 대답은 Yes, **they are**. 혹

은, No, **they are not**.으로 됩니다. 이것만으로도 다음의 사실을 알 수 있다.

     단수형 질문 ⟶ 단수형 대답
     복수형 질문 ⟶ 복수형 대답

―◇ 연　　습 ◇―

1. 다음 문장을 복수형 문장으로 만드시오.
   (1) That is a desk.
   (2) Is this a table?　　Yes, it is.
   (3) You are a teacher.
   (4) Is she a nurse?　　No, she is not.
   (5) Is he a doctor?　　Yes, he is.
   (6) This is not a pen.

2. 다음 문장을 바른 복수형 문장으로 고쳐 쓰시오.
   (1) They are a cat.
   (2) You are a schoolboys.
   (3) Are those an apple?
   (4) Tom and Betty are a pupil.
   (5) They are teacher.

● 해답
1. (1) Those are desks.　　(2) Are these tables? Yes, they are.
   (3) You are teachers.　　(4) Are they nurses? No, they are not.
   (5) Are they doctors?　　Yes, they are.
   (6) These are not pens.
2. (1) They are cats.　　(2) You are schoolboys.
   (3) Are those apples?　　(4) Tom and Betty are pupils.
   (5) They are teachers.

14. 무엇, 누구, 얼마나
(What…?, Who…?, How many…?)

> 홧 이즈 디스 잇 이즈 어 펜
> (1) **What** is this ? It is a pen.
> 이것은 무엇입니까 ? 그것은 펜입니다.
> 후 이즈 댓 보이 히 이즈 잭
> (2) **Who** is that boy ? He is Jack.
> 저 소년은 누구입니까 ? 그는 잭입니다.

* 「무엇인가 ?」라고 물을 때

「이것은 무엇인가 ?」등으로, 사물의 이름을 물을 때 What 을 사용하여, What is this ? 라 말합니다. 이 What 은 **의문사**입니다. 의문사는 언제나 문장 맨 앞에 옵니다.

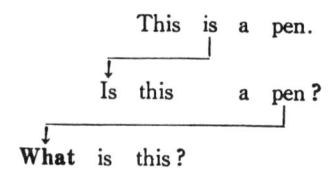

* 「무엇을 갖고 있는가 ?」라고 물을 때

「무엇을 갖고 있는가 ?」또는「무엇을 좋아하는가 ?」등으로 물을 때도 what 를 사용합니다. 이 때도 what 은 문장 맨 앞에 옵니다.

```
         Do you have a book ?
              ↓          |
What do you have ⬜ ?   (당신은 무엇을 갖고 있습니까 ?)
         Does he like apples ?
              ↓             |
What does he like ⬜ ?   (그는 무엇을 좋아합니까 ?)
```

[주]「당신은 무엇을 갖고 있습니까 ?」는 do를 사용하지 않고, 다음과 같이 말할 수도 있습니다.

What have you ?

14. 무엇, 누구, 얼마나 / **51**

* **「누구인가?」라고 물을 때**

「그 소년은 누구인가?」「당신은 누군가?」 등으로 사람의 이름이나 혈족관계를 물을 때에는, who를 사용하여, who is that boy? who are you? 처럼 말합니다. 이 who도 의문사로 언제나 문장 맨 앞에 옵니다.

* **what을 사람에게 사용하면**

what을 what is he? 혹은 what are you? 처럼 사람에 대해서 물으면, 그 사람의 직업이나 신분을 묻는 것이 됩니다.

What is he? —— He is **a teacher**.
Who is he? —— He is **Mr. White**.
Who is that girl? —— She is **my sister**.

하우 매니 펜슬스 두 유 해브
How many pencils do you have?
당신은 연필을 몇 자루 갖고 있습니까?

* 「몇 개의~」라고 수를 물을 때

셀 수 있는 사물에 대해서「몇 개의~」하고, 그 수를 물을 때에는 How many~.를 사용하여, How many pencils (몇 자루의 연필), How many boys (몇 명의 소년) 처럼 말합니다. How many도 what 이나 who 와 마찬가지로 언제나 문장 맨 앞에 옵니다.

> **How many books** do you have?
> (당신은 책을 몇 권 갖고 있습니까?)
> **How many sisters** does Tom have?
> (톰은 자매가 몇 명 있습니까?)

주의➡ How many의 뒤에는, 언제나 복수형의 말이 옵니다.

───◇ 연 습 ◇───

1. 다음 문장의 ( )안에 who나 what 을 넣으시오.
  (1) ( ) is this gentleman? He is a doctor.
  (2) ( ) is that pretty girl? She is Tom's sister.
  (3) ( ) is that teacher? She is Miss Jones.
  (4) ( ) is your father? He is an engineer.

2. 다음 말을 바꾸어 나열하여 우리말의 의미를 나타내는 영작문을 하시오.
  (1) 당신은 무엇을 좋아합니까?
      do you what like ?
  (2) 그의 선생님은 누구입니까?
      his who teacher is ?
  (3) 당신에게는 형제가 몇 명 있습니까?
      you brothers have how do many ?

● 해답
1. (1) What (2) Who (3) Who (4) What
2. (1) What do you like?   (2) Who is his teacher?
   (3) How many brothers do you have?

15. 나를, 당신을, 그를

(me, you, him)

> 히　　노우즈　　미　베리　　웰
> **He knows me very well.**
> 그는 나를 잘 알고 있습니다.

* 「나를」에 대해서

국어에서는, 「나는」과 「나를」과는, 「는」과 「를」이 다르지만, 영어에서는 I 가 me 로 바뀝니다.

「나는」-「나의」-「나를」은, 영어에서는 I-my-me 가 됩니다.

인칭대명사의 변화

주격	소유격	목적격	주격	소유격	목적격
~은,~가	~의	~을,~에게	~은,~가	~의	~을,~에게
I	my	me	we	our	us
you	your	you	you	your	you
he	his	him			
she	her	her	they	their	them
it	its	it			

* 「톰을」「책을」에 대해서

I 또는 you, he 등의 대명사의 경우에는 「~는, 이」의 형태 (주격이라고 합니다) 의 사이에는 변화가 있습니다. 그러나, 「톰」같은 명사의 경우에는, 「소유격」이 될 때 Tom에 's 가 붙지만 주격, 목적격에는 형태가 변하지 않습니다.

Tom is a schoolboy. (톰은 남학생입니다.)　［주격］

This is **Tom's** bat. [소유격]
(이것은 톰의 배트입니다.)
I like **Tom**. (나는 톰을 좋아합니다.) [목적격]

---◇ 연　　습 ◇---

1. 다음 (　) 안에서 바른 말을 고르시오.
   (1) Do you like apples?
       Yes, I like (it, him, them) very much.
   (2) Does Tom know your mother?
       No, he doesn't know (you, her, him).
   (3) Does your sister like milk?
       Yes, she likes (it, her, him).
   (4) Does he know (I, my, me)?
       No, he doesn't know (you, your, me).

2. 다음 (　　) 안에 바른 말을 넣으시오.
   (1) 나는 그를 잘 알고 있습니다.
       I know (　) very well.
   (2) 당신은 그녀를 잘 알고 있습니까?
       Do you know (　) very well?
   (3) 그는 그것을 읽습니다.
       He reads (　).
   (4) 그녀의 오빠는 우리를 잘 알고 있습니다.
       Her brother knows (　) very well.

● 해답
1. (1) them　(2) her　(3) it　(4) me, you
2. (1) him　(2) her　(3) it　(4) us

16. 몇 개의, 조금도 ~없다

(some, any, no)

> 아이 해브 **썸** 펜슬스
> I have **some** pencils.
> 나는 몇자루의 연필을 갖고 있습니다.

* 「몇 개의」라고 말할 때

  「몇 개의」혹은 「약간의」의 의미를 말할 때 긍정문에는 some 을 사용합니다. 수와 양을 분명히 나타내지 않을 때, some books (몇 권의 책), some milk (약간의 우유) 처럼 말합니다.

> 두 유 해브 **애니** 펜슬스
> (1) Do you have **any** pencils?
> 당신은 몇 자루의 연필을 갖고 있습니까?
>
> 아이 돈트 해브 **애니** 펜슬스
> (2) I don't have **any** pencils.
> 나는 연필을 한 자루도 갖고 있지 않습니다.

* 「몇 개인가의~」라고 묻고 「조금도~없다」고 말할 때

  국어에서는, 「몇 개인가의」는 긍정문이나 의문문에도 사용하지만, 영어에서는 부정문, 의문문에는 some 대신에 **any**를 사용합니다. any 도 some 과 마찬가지로 「분명하지 않은」수와 양을 나타냅니다.

이 any가 부정문에 사용되면, not ~any가 되어 「조금도 ~없다」라는 의미를 나타냅니다.

> 아이 해브 노 펜슬스
> I have **no** pencils.
> 나는 연필을 한 자루도 갖고 있지 않습니다.

* 「조금도~없다」를 나타낼 때

「조금도 ~없다」는, not ~any로 표현되는 것은 위에서 말한 대로이지만, no를 대신 사용하는 것도 가능하다.

$$\begin{cases} \text{I do } \textbf{not} \text{ have } \textbf{any} \text{ pencils.} \\ \text{I } \qquad \text{have } \textbf{no} \text{ pencils.} \end{cases}$$

any의 자리에 no를 놓고 not을 없애는 것입니다. I do not have no pencils. 는 안 됩니다. I have no~. 라는 화법은 국어에서는 없습니다.

또한, 이 no는 yes, no의 no(아니오)와는 역할이 다른 것입니다.

---◇ 연　습 ◇---

1. 다음 (　) 에 some, any, no 중에서 적당한 것을 넣으시오.

  (1) I have (　) notebooks.
  (2) He has (　) balls.
  (3) Do you have (　) flowers in your hand?
  (4) I don't want (　) milk.

2. 다음 문장을 (　) 안의 지시대로 고쳐쓰시오.

  (1) I have some eggs.　　　　　(부정문으로)
  (2) He has some apples.　　　　(부정문으로)
  (3) She doesn't want any water. (긍정문으로)

● 해답
1. (1) some 또는 no   (2) some 또는 no   (3) any
   (4) any
2. (1) I don't have any eggs.   (2) He doesn't have any apples.
   (3) She wants some water.

17. a, an 과 the

> 디스 이즈 어 북   더   북   이즈 레드
> This is **a book**.   **The book** is red.
> 이것은 책입니다.   그 책은 빨갛습니다.

* 「그~」를 나타낼 때
  한 번 말한 것에 대해서, 「그 ~는」라고 말할 때는, the를 사용합니다.

[예] This is a pencil.   (이것은 연필입니다.)
            ↓
         The pencil is long. (그 연필은 깁니다.)

   I have an egg.   (나는 계란을 갖고 있습니다.)
            ↓
         The egg is white.   (그 계란은 하얗습니다.)

이 the 도 a와 an과 마찬가지로, 관사이지만, a, an을 **부정관사**, the를 **정관사**라고 말합니다.

정관사 the는, 위의 예 이외에도, 「창문 옆에 있는 책상」(**the** desk by **the** window)와 같이 사용됩니다.

───◇ 연   습 ◇───

다음 문장의 (   ) 안에 a, an, 혹은 the를 넣으시오.
(1) He has (   ) dog. (   ) dog is black.
(2) That is (   ) apple. (   ) apple is yellow.
(3) I have (   ) red pencil and (   ) blue pencil.
    (   ) pencils are long.

58 /제 1부. 영어의 구조

● 해답

(1) a, The   (2) an, The   (3) a, a, The

18. 내 것, 당신의 것, 누구의 것 등
(mine, yours, whose)

---

(1) This book is **mine**.
   이 책은 나의 (것)입니다.
(2) Is that **yours**?
   저것은 당신의 (것)입니까?

---

* 「내(것)」의 화법은

예문의 mine 은 「내 것」이라는 의미를 나타내어 my (나의)와는 사용법이 다릅니다. mine 을 사용하면, This book is my book. (이 책은 나의 책 입니다)라고 book 을 두 번 반복하지 않으면 안 됩니다. mine은 편리한 말로, my book 뿐만 아니라, my pen에도 좋습니다. 또한, 복수형의 경우에도 그대로 사용합니다.

These books are **mine**. (이 책들은 나의 것입니다.)

또한, 예문 (2)처럼 yours만으로도 사용할 수 있읍니다. 그「것」을 알고 있을 때 your~라고 반복하지 않고 yours를 사용하는 것입니다.

18. 내 것, 당신의 것, 누구의 것 등

		나	당신	그	그녀	그것
단수	~의	my	your	his	her	its
	~의 것	mine	yours	his	hers	—
복수		우리	당신들	그들		
	~의	our	your	their		
	~들의 것	ours	yours	theirs		

---

(1) **Whose** knife is this? It's his.
　　후즈　나이프　이즈 디스　　잇쯔 히스
　이것은 누구의 칼입니까? 그것은 그의 것입니다.
(2) **Whose** is that knife? It's hers.
　　후즈　이즈 댓 나이프　잇쯔 허즈
　저 칼은 누구의 것입니까? 그것은 그녀의 것입니다.

---

* 「누구의 (것)」이라고 말할 때는

　whose에는,「누구의」와「누구의 것」이라는 두 개의 사용법이 있습니다.

　즉, whose의 뒤에 명사 (knife 등)가 있을 때는「누구의」, whose만이 사용되고 있을 때는「누구의 것」이라는 의미가 됩니다. 이 whose는, who가 변화한 것입니다.

　비교⇒ **Who** is he?　　　　(그는 누구입니까?)
　　　　Whose is this pencil?　(이 연필은 누구의 것입니까?)

주의➡ 사람의 이름 등, 예를 들면, Tom's 라 한다면「톰의」라는 의미를 나타내기도 하고, 또한「톰의 것」이라는 의미도 나타냅니다.

　　This is **Tom's** book.　(이것은 톰의 책입니다.)
　　This is **Tom's**.　　　 (이것은 톰의 (것)입니다.)

── ◇연　습◇──

1. 다음 말의 「～의 것」이라는 의미의 말을 써넣으시오.
   (1) your _____   (2) her _____
   (3) his _____   (4) my _____
   (5) their _____   (6) our _____

2. 다음 문장의 의미가 되도록, ──에 적당한 영어를 넣으시오.

   (1) 이 라켓은 그녀의 것입니다.
       This racket is _____.
   (2) 저 볼은 빌의 것입니까?
       Is that ball _____ ?
   (3) 이 펜은 당신의 것입니까? 예, 나의 것입니다.
       Is this pen _____ ? Yes, it's _____.
   (4) 이 자동차는 누구의 것입니까? 그들의 것입니다.
       _____ is this car? It's _____.
   (5) 저 집은 누구의 집입니까? 나의 아저씨의 것입니다.
       _____ is that house? It's my _____.
   (6) 저 자전거는 당신의 것입니까? 당신의 동생 것입니까?
       Is that bicycle _____ or your _____ ?
   (7) 이 책은 그의 것은 아닙니다.
       This book is not _____.

● 해답
1. (1) yours   (2) hers   (3) his   (4) mine
   (5) theirs (6) ours
2. (1) hers   (2) Bill's   (3) yours, mine
   (4) Whose, theirs   (5) Whose, uncle's
   (6) yours, brother's (7) his

19. ~의 속에, 위에, 아래에

(in, on, under)

> 더　　볼　이즈　인　더　박스
> The ball is **in** the box.
> 　　그 공은 상자 속에 있습니다.
> 더　　볼　이즈　온　더　박스
> The ball is **on** the box.
> 　　그 공은 상자 위에 있습니다.

* 「~의 속에」「~의 위에」를 나타낼 때는

　장소를 나타낼 때는 「~의 속에」「~의 위에」 등으로 말하고, 국어에서는 ~의 뒤에 붙지만, 영어에서는 ~의 앞에 붙어서, **in** the box, **on** the box 와 같이 말합니다.
on 의 경우는, 표면에 붙어 있는 것이 필요합니다.

비교⇨　The picture is **on** the wall.
　　　　(그 그림은 벽에 걸려 있습니다.)

　　　　A fly is **on** the ceiling.
　　　　(파리는 천장에 붙어 있습니다.)

장소를 나타내는 말에는, 다음과 같은 말이 있습니다.

　　Mary is **by** the window.
　　　(메리는 창문 옆에 있습니다.)
　　The horse is **under** the tree.
　　　(그 말은 나무 밑에 있습니다.)
　　Tom is **at** the door.　(톰은 문에 있습니다.)
　　The chair is **near** the window.
　　　(그 의자는 창문 가까이에 있습니다.)
　　I go **to** school every day.　(나는 매일 학교에 갑니다.)

A new car is **in front of** the house.
(새 자동차가 집 앞에 있습니다.)

───◇ 연   습 ◇───

1. 다음 그림을 보고, 그림과 각각의 문장이 일치 하도록 (   )안에 적당한 말을 넣으시오.

(1) 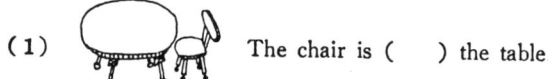 The chair is (   ) the table.

(2) The cat is (   ) the table.

(3)  The book is (   ) the table.

(4) The flowers are (   ) the vase.

2. 다음 (   )안의 말 중, 바른 것에 ○표 하시오.
   (1) We go (on, to) school.
   (2) The picture is (on, to) the wall.
   (3) Mary lives (in, under) America.
   (4) Come (in, to) the blackboard.

● 해답
1. (1) by   (2) under   (3) on   (4) in
2. (1) to   (2) on   (3) in   (4) to

20. 어디에 ~ 이 있습니까 ?

(Where … ?)

> 훼어 이즈 더 북
> **Where** is the book ?
> 그 책은 어디에 있습니까 ?

* **장소를 물을 때는**

  장소를 물을 때는, where …? 의 형태를 사용합니다. 이 말은 what, who 등과 마찬가지로, 언제나 문장 맨 앞에 옵니다.

where …? 의 대답은, 장소를 나타내는 어구 (in ~, on ~ 등) 가 사용됩니다.

{ **Where** is the map? (지도는 어디에 있습니까?)
{ It's **on the wall.** (벽에 붙어 있습니다.)
{ **Where** are the boys ? (소년들은 어디에 있습니까?)
{ They are **at the gate.** (그들은 대문에 있습니다.)
{ **Where** is your brother ? (당신의 형(동생)은 어디에 있습니까?)
{ He is **in the garden.** (그는 뜰에 있습니다.)

> 유어　　 펜슬　　이즈　 히어
> (1) Your pencil is **here**.
> 　　당신 연필은 여기에 있습니다.
> 　　　빌　　고우즈　　데어　　에브리　　윅
> (2) Bill goes **there** every week.
> 　　빌은 매주 거기에 갑니다.

* 「여기에」「거기에」를 나타낼 때

「여기에」에는 here, 「거기에」에는 there를 사용합니다. here와 there에는 in이나 on을 붙이지 않습니다. 때문에, 예문(2)의 경우에, Bill goes to there. 이라하면, 틀리게 됩니다. goes to there 이라고 하는 사람이 많으니 주의합시다.

[예] { Kate plays **in the park**. (케이트는 공원에서 놀고 있다.)
　　 { Ann plays **here**, too.　　(앤도 여기서 놀고 있다.)

───◇ 연　　습 ◇───

1. 다음 말을 바꾸어 나열하여, 영작문 하시오.
   (1) is where table the ?
   (2) study I here .
   (3) tennis where you play do ?
   (4) and Tom there I go .

2. 다음 문장의 잘못된 것을 바르게 고치시오.
   (1) 책상은 어디에 있습니까?
   　　Where is on the desk?
   (2) 톰은 이곳에 삽니다.
   　　Tom lives in here.
   (3) 그들은 그곳에서 공부합니다.
   　　They study in there.

● 해답
1. (1) Where is the table? (2) I study here.
   (3) Where do you play tennis? (4) Tom and I go there.
2. (1) on을 뺀다 (2) in을 뺀다 (3) in을 뺀다

21. …이 있다. 여기에 …이 있다
(There is (are)…. Here is (are)…)

(1) **There is** a book on the desk.
데어 이즈 어 북 온 더 데스크
책상 위에 (한 권의) 책이 있습니다.

(2) **There are** two apples in the basket.
데어 아 투 애플즈 인 더 베스킷
바구니 속에 사과가 두 개 있습니다.

* 「…이 있다」라고 말할 때

「…이 있다」라고 말할 때는, There is(are)…. 를 사용합니다. is 는 다음에 단수형이 올 때, are는 다음에 복수형이 올 때 사용합니다. There are ~로「…이 있다」라는 의미가 됩니다. 이 형태에서 there은「거기에」라는 의미는 아닙니다.

어순은 국어와는 반대입니다.
「책상(desk) 위에(on) 책(book)이 있다(there is).」

There is ~ 의 형태는, 「책은 책상 위에 있다」라고 말할 때의 화법은 아닙니다. 이 때는, The book is on the desk. 가 됩니다.

히어 이즈 어 북
(1) **Here is** a book.
여기에 한 권의 책이 있습니다.
히어 아 유어 펜슬스
(2) **Here are** your pencils.
여기에 당신의 연필이 있습니다.

---

* 「여기에 …이 있다」라고 말할 때

「여기에 …이 있다」라고 말할 때는, Here is (are) …의 형태를 사용합니다. There is (are) …와 마찬가지로, is + 단수, are + 복수형이 됩니다. 형태는 매우 비슷하지만, 사용하는 경우가 다른, Here is (are) …는 사물을 전달할 때나, 다른 사람의 주의를 끌고, 그것을 설명하는 경우에 사용됩니다. 때문에, 이 형태는 의문형은 없습니다.

다음 회화로 그 사용법을 알 수 있습니다.

A: **Here is** your pencil.
　(여기에 당신의 연필이 있습니다.)

B: Thank you very much.
　(고맙습니다.)

다음 ( )안의 말 중, 옳은 것에 ○표 하시오.
(1) There (is are) a pencil in the box.
(2) There (is are) some pencils in the box.
(3) Here (is are) your knife.
(4) Here (is are) some eggs.

● 해답
(1) is　(2) are　(3) is　(4) are

22. …이 있읍니까? …은 없습니다

(Is there…? There is not….)

(1) **Is there** a book on the desk? Yes, there is.
　　이즈　데어　어　북　온　더　데스크　　예스　데어 이즈
　　책상위에 책이 있읍니까?　　　　　　예, 있읍니다.

(2) There is not (isn't) a book on the table.
　　데어　이즈　낫　(이즌트)　어　북　온　더　테이블
　　테이블 위에 책은 없습니다.

* 「…이 있읍니까?」라고 물을 때

There is (are) …의 문장의 is (are) 와 There 의 자리를 바꾸면 「…이 있읍니까?」라는 의미가 됩니다.

　　There is a book on the desk.
　　　　╳
　　Is there a book on the desk?

이 대답은 Yes, No를 사용해서, Yes, there is.(예, 있읍니다.), No, there is not.(아니오, 없습니다.)라고 말합니다.

* 「…은 없습니다」라고 말할 때

There is (are) …의 문장의 is (are) 다음에 not 을 넣으면, 「…은 없습니다」라는 의미가 됩니다.

　　There is a desk by the window.
　　　(창문 옆에 책상이 있읍니다.)
　　There is **not** a desk by the window.
　　　(창문 옆에 책상은 없습니다.)

───◇ 연　　습 ◇───

1. 다음 문장을 의문문으로 고치시오.
   (1) There is a vase on the desk.
   (2) There is an apple on the table.

/제1부. 영어의 구조

   (3) There is a chair by the window.
   (4) There are three toys in the box.
2. 문제 1의 문장을 부정문으로 고치시오.

● 해답
1. (1) Is there a vase on the desk?
   (2) Is there an apple on the table?
   (3) Is there a chair by the window?
   (4) Are there three toys in the box?
2. (1) There is not a vase on the desk.
   (2) There is not an apple on the table.
   (3) There is not a chair by the window.
   (4) There are not three toys in the box.

23. 의문문의 여러 가지

(1) **Are you** a teacher? Yes, **I am**.
아 유 어 티쳐 예스 아이 엠
당신은 선생님입니까? 예,그렇습니다.

(2) **Do you like** apples?
두 유 라이크 애플즈
당신은 사과를 좋아합니까?
No, I don't.
노 아이 돈트
아니오,좋아하지 않습니다.

* **Are you···?** 와 **Do you···?**

   { (a) You are a teacher.
   { (b) You like apples.
   이 두 문장을 의문문으로하면,
   { (a) **Are you a teacher?**
   { (b) **Do you like apples?** 가 되어,만드는 법이 다릅니다.

am,are,is와 같은 「…입니다」라는 의미의 동사(**be 동사**)를 포함한 문장을 의문문으로 할 때는,am,are,is를 문장 맨 앞에 오게 합니다.

{ You **are** a teacher.
{ **Are** you a teacher?

like 등과 같은 동사 (**일반동사**)의 경우는, do 또는 does를 문장 앞에 붙입니다.

{ You like apples.　　　{ He runs fast.
{ **Do** you like apples?　{ **Does** he run fast?

주의➡ Does he run fast?의 경우에, **run**은 runs는 아닙니다.

* **Have you… ?** 와 **Do you have… ?**

have,has를 **have동사**라 말하지만,have,has가 사용되는 문장을 의문문으로 만들려면,두 가지 방법이 있습니다.

　　You have a camera.　(당신은 카메라를 갖고 있습니다.)

{ (a) **Have** you a camera?
{ (b) **Do** you **have** a camera?

(a)에서는,be동사와 마찬가지로,have를 문장 맨 앞에 오게 하고, (b)에서는 일반동사처럼 do(혹은 does)를 문장 맨 앞에 붙입니다.이 두 가지 형태는 같은 의미를 나타내지만, (a)는 영국에서, (b)는 미국에서 많이 사용됩니다.

---

(1) 후　이즈　히　　　히　이즈　톰
　　Who is he?　　He is **Tom**.
　　그는 누구입니까?　톰입니다.

(2) 홧　　두　　유　　라이크
　　What do you like?
　　당신은 무엇을 좋아합니까?
　　아이 라이크　후룻
　　I like **fruit**.
　　　나는 과일을 좋아합니다.

* 의문사로 시작하는 의문문

　　　　He is Tom.

이 문장을 의문문으로 하여,「그는 톰입니까?」라고 하면,

　　　　Is he Tom?

이 되지만, 그가 누구인지 모를 때, 즉「그는 누구입니까?」라고 말할 때는, who를 사용하여 표현합니다.

who와 같은 의문사는, 언제나 문장의 맨 앞에 옵니다.

Who is he?

		He	is	Tom	.	[보통 문장]
	Is	he		Tom	?	[보통 의문문]
Who	is	he			?	[의문사가 있는 의문문]

what 의 경우도 마찬가지로, 문장 맨 앞에 옵니다.

		You	like	fruit	.
	Do	you	like	fruit	?
What	do	you	like		?

* 의문사가 있는 질문에 대한 대답법

보통 의문문에 대한 대답법에는, 두 가지 방법이 있습니다.

　（a） Yes, No로 대답한다. —Is this a pen?

　　　　　　　　　　　　　　　　Yes, it is.

　（b） Yes, No로 대답하지 않는다.

　　　　——Is this a pen or a pencil?

　　　　　（이것은 펜입니까? 연필입니까?）

　　　　　　　　　　　　　　　　It is a pencil.

의문사가 있는 질문에 대답할 때는, Yes 와 No 를 않습니다.

　　Who is he?　　　　He is Tom.　　[바른 대답]

　　　　　　　　　　　Yes, he is Tom.　　[틀린 대답]

23. 의문문의 여러가지 / **71**

> 휘치 이즈 유어 펜슬
> **Which** is your pencil?
> 어느 쪽이 당신의 연필입니까?
> 디스 펜슬 이즈 마인
> This pencil is mine.
> 이 연필이 내 것입니다.

* 여러 가지 의문사

의문사에는 다음과 같은 것이 있습니다.

who (누구), what (무엇), which (어느 것), where (어디에), whose (누구의), when (언제), how many (몇 개)

이것들 의문사는 언제나 문장 맨 앞에 와서, 다음과 같이 사용됩니다.

Who is that boy?	(저 소년은 누구입니까?)
He is **Ned Jones**.	(네드 존슨입니다.)
What does he like?	(그는 무엇을 좋아합니까?)
He likes **fruit**.	(과일을 좋아합니다.)
What animal is this?	(이것은 무슨 동물입니까?)
It is **a rat**.	(쥐입니다.)
Which is your notebook?	(당신의 노트는 어느 것입니까?)
That notebook is mine.	(저 노트가 내 것입니다.)
Whose cap is that?	(저것은 누구의 모자입니까?)
It is **Tom's**.	(톰의 것입니다.)
Whose is this pen?	(이 펜은 누구 것입니까?)
It is **yours**.	(당신 것입니다.)
When do you swim?	(당신은 언제 수영합니까?)
I swim **in summer**.	(여름에 수영합니다.)

How many books are there on the desk?

(책상 위에 책이 몇 권 있습니까?)

There are **three**. (세 권 있습니다.)

———◇ 연　　습 ◇———

1. 다음 문장을 의문문으로 고치시오.
   (1) You are a doctor.
   (2) There is a book on the desk.
   (3) He plays the violin.
   (4) Kate has a new camera.

2. (　)안의 어구가 대답이라면, 다음 질문의 문장 중 (　)안에 어떤 의문사를 넣으면 좋을까요?

   (1) (　) are you?　　　　(Nancy Smith)
   (2) (　) is she?　　　　(schoolgirl)
   (3) (　) are the flowers?　(in the vase)
   (4) (　) sisters do you have?　(two)

● 해답
1. (1) Are you a doctor?　　(2) Is there a book on the desk?
   (3) Does he play the violin?
   (4) Does Kate have a new camera?
   　　　또는　Has Kate a new camera?
2. (1) Who　(2) What　(3) Where　(4) How many

24. …하시오 …해 주세요

(Open the door. Stand up.)

> 오픈   더   도어
> **Open** the door.
> 문을 열어 주세요.

* 명령문이란?

　상대방에게 「…하시오」라고 명령하거나, 「…해 주세요」라고 부탁할 때의 화법을, **명령문**이라 합니다.

　명령문은, 보통 동사가 문장 맨 앞에 옵니다.

　　Stand up.　　　　(일어서시오.)
　　Go to the door.　 (문 있는 곳에 가시오.)
　　Write your name. (당신의 이름을 쓰시오.)

* 「…해 주세요」라고 부탁할 때는

　명령문에 please 〔플리즈〕를 붙이면, 「(제발) …해 주세요」라는 의미의 정중한 화법이 됩니다. please는 문장의 처음이나 끝에 와도 좋지만, 끝에 올때는, 보통, 그 앞에 콤마(,)를 붙입니다.

　　Please open the door.
　　　　　　　　　　　　　　(제발 문을 열어 주세요.)
　　Open the door, **please**.

[주] 「당신은 친절합니다.」라고 말할 때는, You are kind. 라고 말하지만, 「친절하게 하시오.」라는 명령문으로 하면, 단지 You를 없앨 뿐 아니라, are를 be의 형태로 고치지 않으면 안 됩니다. be 동사를 사용할 때는 be를 그대로 쓰는 것입니다.

　　　Be kind.　　[바른 문장]
　　　Are kind.　 [틀린 문장]

> 돈트　　오픈　　　더　　도어
> **Don't open** the door.
> 문을 열어서는 안 됩니다.

* 「…해서는 안 됩니다」라고 말할 때

　「…해서는 안 됩니다」라는 부정 명령문은, 보통 명령문 앞에 Don't 를 붙입니다.

| | Open the door. | (문을 여시오.) |

　　　　　　Open the door.　　　(문을 여시오.)
　　Don't open the door.　　(문을 열어서는 안 됩니다.)
　　　　　　Go to the door.　　　(문 있는 곳에 가시오.)
　Don't go to the door.

　　　　　　　　　(문 있는 곳에 가서는 안 됩니다.)

> 렛　 어스　 （＝렛쯔）　 플레이　 베이스볼
> **Let us** (=Let's) play baseball.
> 야구를 합시다.

* 「…합시다」라고 말할 때

　「…합시다」「…하자」라고 상대에게 권유하는 화법은, 보통 명령문 앞에, Let us (Let's 로 묶어 말한다)를 붙입니다.

　　　　　　　　　　Play baseball.　　　　　　(야구를 하시오.)
　　Let us (=**Let's**) play baseball.　　(야구를 합시다.)

―― ◇연　　습◇ ――

1. 그림에 대해 다음 형태를 사용하여 말하시오.
   A. Please _____.　　B. Don't _____.　　C. Let's _____.

   (1)　　(2)　　(3)　　(4)

　　run　　　swim　　　play the piano　　read a book

2. 다음 문장을 「…하시오」라는 명령문으로 고치시오.
   (1) You come in.　　　　(2) You shut the window.
   (3) You look at the picture.　(4) You write your name.

3. 문제 2에서 고친 「…하시오」라는 문장을, 「…해서는 안 됩니다」라는 의미의 명령문으로 고치시오.

● 해답
1. (1) Please run. Don't run. Let's run.
   (2) Please swim. Don't swim. Let's swim.
   (3) Please play the piano. Don't play the piano. Let's play the piano.
   (4) Please read a book. Don't read a book. Let's read a book.
2. (1) Come in.　　　　　　(2) Shut the window.
   (3) Look at the picture.　　(4) Write your name.
3. (1) Don't come in.　　　　(2) Don't shut the window.
   (3) Don't look at the picture.　(4) Don't write your name.

25. 어쩌면…일까!

(What…! How …!)

(1) **How** beautiful this flower is!
하우   뷰티풀   디스   플라워   이즈
이 꽃은 어쩌면 이토록 아름다울까!

(2) **What** a beautiful flower he has!
홧   어   뷰티풀   플라워   히   해즈
그는 어쩌면 그토록 아름다운 꽃을 갖고 있는 것일까!

* 「어쩌면…일까!」를 나타낼 때는

「어쩌면 그토록 아름다운 것일까!」라고 말할 때는, how를 사용하여 다음과 같이 말합니다.

How beautiful this flower is!

이러한 문장을 **감탄문**이라 하고, 문장 끝에는 **감탄부호**(!)를 붙입니다. 이 형태는 의문문과 비슷하지만, 어순이 다르기 때문에, 감탄문과 의문문과를 구별할 수 있습니다. 다음에 제시한 매우 비슷한 두 문장에서 다른 점을 기억합시다.

How tall he *is*!   (그는 어쩌면 그렇게 키가 클까!)
How tall *is* he?   (그는 키가 얼마입니까?)

감탄문의 경우에는, 보통 문장의 어순 (he—is)이지만 의문문의 경우에는, 의문문의 어순 (is—he) 이 됩니다.

감탄문과 보통문과의 관계는, 다음과 같이 됩니다.

This flower is beautiful. (이 꽃은 아름답다.)

How beautiful this flower is!

(이 꽃은 어쩌면 이토록 아름다울까!)

즉, 강조하고 싶은 말 (beautiful) 앞에 **how**를 놓아, 그 부분을 그대로 문장 맨 앞에 놓고, 문장 끝에 감탄부호(!)를 붙입니다.

[예] He is kind. (그는 친절합니다.)

How kind he is! (그는 어쩌면 이토록 친절할까!)

감탄문은, how 이외에, **what** 을 사용할 수도 있습니다.

He has a beautiful flower.

(그는 아름다운 꽃을 갖고 있습니다.)

이 문장에서, a beautiful flower (아름다운 꽃)를 강조하고 싶을 때는, 그 앞에 what을 놓고, 그 강조되는 부분을 문장 앞에 가져옵니다. 마침표 대신에 감탄부호를 붙입니다.

What a beautiful flower he has!

(그는 어쩌면 그토록 아름다운 꽃을 가지고 있는 것일까!)

두 가지 감탄문 (How~! What~!)과, 보통문과의 관계는 다음과 같습니다.

{ This flower is **beautiful**.
  How beautiful this flower is!

{ He has **a beautiful flower**.
  What a beautiful flower he has!

결국, beautiful 같은 형용사(혹은 부사)를 강조하여 말하는 감탄

문에는 how 를 사용하고, a pretty flower 같은 명사(여기서는 flower) 까지를 포함하여 강조할 때는 what 을 사용합니다.

---◇ 연　습 ◇---

1. 다음 문장을 how로 시작하는 감탄문으로 만드시오.
   (1) Tom is tall.　　　　(2) That is big.
   (3) Her parents are young.

2. 다음 문장을 what로 시작하는 감탄문으로 만드시오.
   (1) This is a big fish.　　(2) I am a happy girl.
   (3) You have a small dog.

● 해답
1. (1) How tall Tom is !　　(2) How big that is !
   (3) How young her parents are !
2. (1) What a big fish this is !　(2) What a happy girl I am !
   (3) What a small dog you have !

26. 보다 큰, 가장 큰
(taller, tallest)

(1) Tom is **taller than** Mary.
    톰　이즈　톨러　댄　메리
    톰은 메리보다 키가 크다.

(2) Tom is **the tallest of** the three.
    톰　이즈　더　톨리스트　오브　더　쓰리
    톰은 세 명 중 가장 키가 크다.

* 비교급, 최상급이란
   tall (키가 크다) 처럼 성질 등을 나타내는 형용사를 사용하여 「~ 보다 키가 크다」 또는 「가장 키가 크다」 등을 나타낼 수 있습니다.

예문의 taller는 「~보다 키가 크다」, tallest는 「가장 키가 크다」라는 의미로, taller를 tall의 **비교급**, tallest를 tall의 **최상급**이라 합니다. 비교급, 최상급에 대해서, 원래의 형태(tall)를 **원급**이라 합니다.

* 비교급, 최상급 만드는 법

 비교급은 보통, 단어 끝에 **er**을, 최상급은 **est**를 붙입니다.

원급	비교급 (~보다)	최상급 (가장~)
tall (큰)	tall**er**	tall**est**
old (늙은)	old**er**	old**est**

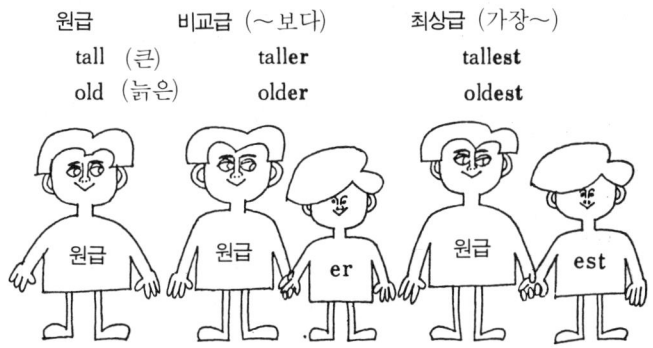

(1) 원래 단어(원급)가 "e"로 끝날 때는 r, st만을 붙입니다.

 large (큰)   larg**er**   larg**est**

(2) 원래 단어가 「단모음+자음」으로 끝날 때는, 마지막 자를 한 번 더 쓰고 er, est를 붙입니다.

 big (큰)   big**ger**   big**gest**

(3) 원래의 단어가 y로 끝날 때는 y를 i로 바꾸고 er, est를 붙입니다.

 pretty (예쁜)   prett**ier**   prett**iest**

(4) 비교적 긴 단어는, 어미에 er, est를 붙이지 않고, 단어 앞에 more(모아), most(모스트)를 붙입니다.

 beautiful (아름다운) **more** beautiful **most** beautiful

(5) 전혀 불규칙한 것이 있습니다.

    good (좋은)   better   best

* 비교급을 사용한 문장

두 개를 비교할 때는, 비교급 뒤에 than(~보다)을 붙여 말합니다. 즉,

「A는 B보다 ~다」의 형태는

$$\boxed{\text{A is} + \ulcorner \text{비교급} \lrcorner + \text{than B}}$$

가 됩니다. 예를 들면

    This is bigger than that. (이것은 저것보다도 큽니다.)

* 최상급을 사용한 문장

셋 이상을 비교하여,

「A는 …중에서, 가장 ~다」라고 말할 때는

$$\boxed{\text{A is the} + \ulcorner \text{최상급} \lrcorner + \left\{ \begin{array}{c} \text{in} \\ \text{of} \end{array} \right\} \cdots}$$

라는 형으로 합니다.

    Tom is the tallest in his class.
      (톰은 그의 반에서 가장 키가 크다.)
    Bob is the oldest of the four.
      (보브는 네 명 중에서 가장 나이가 많다.)

이 때 최상급에는 the를 붙입니다.

* 「어느 쪽이 보다~?」「누가 가장~?」

「어느 쪽이…」「누가…」라는 질문에는, **who**(사람인 경우)와 **which**(사물인 경우)를 사용합니다.

    Who is taller, Tom or Mary?
        (톰과 메리 어느 쪽이 키가 큽니까?)
    Tom is (taller than Mary).

Which is the biggest, a cat, a dog or a horse?
(고양이, 개, 말 중 어느 것이 가장 큽니까?)

A horse is (the biggest of the three).

* 부사의 비교

부사 중에도 형용사와 마찬가지로, 비교를 나타내는 화법이 있습니다.

He runs. (그는 달린다.)
He runs fast. (그는 빨리 달린다.)
He runs **faster** than I. (그는 나보다 빨리 달린다.)
He runs **fastest** of us all. (그는 우리들 중 가장 빨리 달린다.)

이 문장에서 알 수 있듯이, 부사의 최상급에는 the를 붙이지 않습니다. 부사의 변화는, 형용사의 경우와 같습니다.

---◇ 연 습 ◇---

다음 문장의 ——에, ( ) 속의 단어를 바른 형태로 고쳐 넣으시오.

(1) This pencil is _____ than that pencil. (long)
(2) The black dog is the _____ of the three. (big)
(3) Frank is the _____ in his family. (young)
(4) Roses are _____ than lilies. (beautiful)
(5) Mother gets up _____ than I. (early)

● 해답
(1) longer (2) biggest (3) youngest
(4) more beautiful (5) earlier

27. …하고 있습니다. …하는 중입니다

(I am -ing.　You are -ing)

> 아이　엠　플래잉　테니스
> **I　am　playing**　tennis.
> 나는 테니스를 하고 있는 중입니다.

* 「…하고 있습니다.」「…하는 중입니다.」

다음 두 개의 문장을 비교해 봅시다.

{ (a) **I play** tennis.　　　　[현재형]
{ (b) **I am playing** tennis.　[현재진행형]

(a)의 문장은, 「나는 (항상) 테니스를 합니다」라는 의미임에 반해, (b) 문장은, 「나는(지금) 테니스를 하고 있는 중입니다」라는 의미를 나타냅니다. 결국 play는, 「(언제나)…하다」라고 말하는 것처럼, 항상 습관을 나타내고 있지만, am playing은「(지금)…하고 있는 중입니다」라고, 지금 그 동작이 행해지고 있는 것을 나타냅니다. play와 같은 형을 동사의 **현재형**이라 하고, am playing을 **현재진행형**이라 합니다.

「(지금) …하고 있습니다」라는 의미를 나타낼 때는 다음 형태를 사용합니다.

현재진행형=be+〔동사에 ing를 붙인 형〕

27. …하고 있읍니다.…하는 중입니다/ **83**

[예]   You **are reading** a book. (당신은 책을 읽고 있습니다.)
    He **is drinking** milk.   (그는 우유를 마시고 있습니다.)

* 동사에 **ing**를 붙일 때는
  (1) 대부분 단어는 그대로의 형태에 ing를 붙입니다.
      go (가다) → **going**, read (읽다) → **reading**
  (2) 발음하지 않는 e로 끝날 때는, e를 빼고 ing를 붙입니다.
      come (오다) → **coming**, write (쓰다) → **writing**
  (3) 「단모음＋자음」으로 끝날 때는, 끝자를 한 번 더쓰고 ing를 붙입니다.
      run (달리다) → **running**, swim (수영하다) → **swimming**

```
                아    유    플래잉         테니스           예스  아이  엠
(1)  Are you playing tennis?  Yes, I am.
     당신은 테니스 하고 있습니까?  예, 하고 있습니다.
      히   이즈   낫   플래잉          테니스
(2)  He is not playing tennis.
     그는 테니스를 하고 있지 않습니다.
```

* 현재진행형의 의문문과 부정형은
  의문문은 am, are, is 만을 주어 앞에 내놓습니다.
  { You **are reading** a book.
  { **Are** you **reading** a book?

부정문을 만들 때는 am, are, is 뒤에 not을 넣습니다.
{ You are reading a book.
{ You are **not** reading a book.

또한, 현재진행형에서, 질문에 대한 대답은 다음과 같습니다.

Are you reading a book?
{ **Yes**, I **am** (reading a book).
{ **No**, I **am not** (reading a book).
What are you reading? (당신은 무엇을 읽고 있습니까?)
I am reading a newspaper.
(나는 신문을 읽고 있습니다.)

───◇ 연　습 ◇───

1. 다음 동사의 ing형을 쓰시오.
 (1) drink　　(2) work　　(3) make
 (4) study　　(5) sit　　(6) shut

2. 다음 문장을 현재진행형으로 고쳐쓰시오.
 (1) I drink coffee.　　(2) You make a doll.
 (3) She shuts the door.　　(4) Do you go to school?
 (5) Tom does not play baseball.

● 해답
1. (1) drinking　　(2) working　　(3) making
　(4) studying　　(5) sitting　　(6) shutting
2. (1) I am drinking coffee.　　(2) You are making a doll.
　(3) She is shutting the door.　　(4) Are you going to school?
　(5) Tom is not playing baseball.

28. ~할 수 있다. ~할 수 없다

(can, cannot)

> 아이 캔 스윔
> I can swim.
> 나는 수영할 수 있습니다.

* 「~할 수 있다」를 나타낼 때는

「(항상) 수영합니다」또는, 「(항상) 말합니다」라는 의미를, 「수영할 수 있읍니다」혹은 「말할 수 있읍니다」처럼 「~할 수 있다」라는 의미에는 **can**을 넣습니다.

 (a) I swim. (나는 수영합니다.)
 (b) I **can** swim. (나는 수영할 수 있읍니다.)

can(할 수 있다)는, 어디에 두어도 좋은 것이 아니라, 국어라면 「수영할 수 있읍니다」라고 「수영하다」의 뒤에 붙지만, 영어에서는 반대로, I can swim. 처럼 swim 앞에 옵니다. 이처럼 동사 앞에 와서, 「~할 수 있다」등의 의미를 첨가하는 말을 조동사라 합니다.

* **can**에는 s가 붙지 않는다.

주어가 He, She, It 등일 때, 동사 어미에 s나 es가 붙지만, can이 사용되는 문장에서는, can에 s가 붙지 않고, 동사에도 s와 es가 붙지 않습니다.

[바른 문장] { He **swims**. He **can swim**. } [틀린 문장] { He cans swim. He can swims. }

> 히 캔낫 스윔
> (1) He **cannot** swim.
> 　　그는 수영할 수 없습니다.
> 　　캔 히 스윔　　　　　에스 히 캔
> (2) **Can** he swim?　　Yes, he **can**.
> 　　그는 수영할 수 있습니까? 예, 할 수 있습니다.

* 「～할 수 없다」를 나타낼 때는

「～할 수 있다」(can)을, 「～할 수 없다」로 할 때는, can 뒤에 not 을 넣기만 하면 됩니다.

　　　He can swim. → He can **not** swim.

　can not 은 보통 **cannot** 으로 붙여 씁니다. **can't** 는 cannot 의 약자입니다.

* 「～할 수 있는가」라고 물을 때는

「～할 수 있다」라는 뜻의 문장을 의문형으로 할 때는 can을 주어 앞에 놓습니다.

　　　He can swim. → **Can** he swim?

　그 대답은 다음과 같이 됩니다.

　　Can he swim?　　{ **Yes**, he **can**.
　　　　　　　　　　　　 No, he **cannot**.

───◇연　　습◇───

I. 다음 문장을 「～할 수 있다」라는 의미를 나타내는 문장으로 고치시오.

(1) I play tennis.　　　　(2) You read books.
(3) He speaks English.　(4) Nancy sings well.

2. 다음 문장을 의문문과 부정문으로 고치시오.

(1) You can play the piano.　(2) They can swim.
(3) She can run fast.

● 해답

1. (1) I can play tennis.　(2) You can read books.
   (3) He can speak English.　(4) Nancy can sing well.
2. (1) Can you play the piano? You cannot (=can't) play the piano.
   (2) Can they swim? They cannot (=can't) swim
   (3) Can she run fast? She cannot (=can't) run fast.

29. 몇 시입니까?

(What time is it?)

왓　타임　이즈　잇
What time is it?
　몇 시입니까?
잇　이즈　쓰리　투엔티
It is three twenty.
　3시 20분입니다

---

* 「시간」을 물을 때는

시간을 물을 때는, **What time is it?** 이라고 말합니다. 영어에서, 시간을 나타낼 때는 it을 주어로 사용합니다. 이 때 it은 「그것은」이라고 해석하지 않습니다. 시간을 말하는 방법은, 다음과 같습니다. 가장 간단한 방법은 「3시 20분」은 「3:20」처럼 수만을 말합니다.

2시 20분 → It is two twenty.

4시 23분 → It is four twenty-three.

8시 45분 → It is eight forty-five.

      잇   이즈   텐   미니쯔   패스트   쓰리
(1) It is ten minutes **past** three.
     3시 10분입니다.
      잇   이즈   하프   패스트   화이브
(2) It is half **past** five.
     5시 30분입니다.
      잇   이즈 어   쿼터   투   텐
(3) It is a quarter **to** ten.
     10시 15분 전입니다.

* 「～분」「～분 전」을 말할 때는

시간을 나타내는 방법에, 또 한 가지가 있습니다. 「30분」까지는 past를 사용하고, 「30분」을 지나서부터는 「～분 전」이라 생각하여 to를 사용하고, 다음과 같이 말합니다.

    2시 20분 → It is twenty (minutes) **past** two.

    2시 40분 → It is twenty (minutes) **to** three.

이 경우, 「분」에 해당되는 단어 minute(s)는 생략해도 좋습니다.

또한 이 화법에서는, 「30분」에는 **half**를, 「15분」에는 **a quarter**를 사용합니다. 이 단어에는 minutes를 붙이지 않습니다.

    It is **a quarter** past twelve.

      (12시 15분입니다.)

    It is **a quarter** to eleven.

      (11시 15분 전입니다.)

    It is **half** past seven.

      (7시 반입니다.)

주의➡ 「～분」이 없고, 「～시」뿐일 경우에는, o'clock를 붙일 수 있습니다.

    It is three [o'clock]. (3시입니다.)

또한, 「오전」「오후」를 나타낼 때는,

각각, in the morning (오전), in the afternoon (오후)을 뒤에 붙입니다.

>It is half past seven in the morning.
>(오전 7시 30분입니다.)

───◇ 연　습 ◇───

1. 예와 같이, 다음의 시간을 말하시오.
  [예] 5시　20분　→ It is five twenty.
  (1) 8시　10분　　　　　(2) 11시　25분
  (3) 7시　40분　　　　　(4) 9시　50분
  (5) 4시　30분　　　　　(6) 3시　13분

2. 각각의 시계가 시간을 나타내는 것과 같이, (　)안에 적당한 단어를 넣으시오.

  (1)　　　(2)　　　(3)　　　(4)

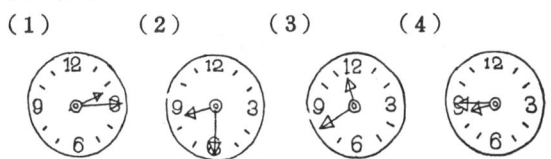

  (1) It is a (　) (　) two.
  (2) It is (　) (　) eight.
  (3) It is twenty (　) (　).
  (4) It is a (　) (　) nine.

● 해답
1. (1) It is eight ten.　　　(2) It is eleven twenty-five.
   (3) It is seven forty.　　(4) It is nine fifty.
   (5) It is four thirty.　　(6) It is three thirteen.
2. (1) quarter, past　　　　 (2) half, past
   (3) to, twelve　　　　　　(4) quarter, to

30. ~시에, ~일에

(at six, on Sunday)

(1) I get up **at** six every morning.
　　아이　겟　업　앳　씩스　에브리　모닝
　　나는 매일 아침 6시에 일어납니다.

(2) We go to church **on** Sunday.
　　위　고우　투　쳐치　온　선데이
　　우리는 일요일에 교회에 갑니다.

* 시간·요일을 나타낼 때는
「6시입니다」와 달리,
「6시에 ~합니다」라고
말할 경우에는, at 을
붙입니다. 다음 문장을
비교해 봅시다.

　It is six [o'clock].
　(6시입니다.)

　I get up **at** six. (나는 6시에 일어납니다.)
　다음 문장에 at이 붙어 있는 것도 같은 이유입니다.

　　My father comes home **at** half past six.
　　(나의 아버지는 6시 반에 집에 옵니다)

「요일」의 이름은 다음과 같습니다.

Sunday	(일요일)	Monday	(월요일)
Tuesday	(화요일)	Wednesday	(수요일)
Thursday	(목요일)	Friday	(금요일)
Saturday	(토요일)		

　　요일을 물을 때는, What day **of the week** is it today?

(오늘은 무슨 요일입니까?)의 형태를 사용합니다. 이 때도 it이 주어입니다. 이 대답에도 it를 사용하여, It is **Sunday**(일요일입니다)와 같이 대답합니다. 그러나, 「일요일에…합니다」라고 말할 때는 on을 붙입니다.

> 아우워 스쿨 비긴즈 인 셉템버
> Our school begins **in** September.
> 우리의 학교는 9월에 시작합니다.

* 월일을 나타낼 때는

「달」의 이름은 다음과 같습니다.

January	(1월)	February	(2월)
March	(3월)	April	(4월)
May	(5월)	June	(6월)
July	(7월)	August	(8월)
September	(9월)	October	(10월)
November	(11월)	December	(12월)

월일을 나타낼 때는 다음과 같이 두 가지 방법이 있습니다.

{ the fourth (4th) of July   (7월 4일)
{ July 4th

{ the first (1st) of January   (1월 1일)
{ January 1st

주의➡ July 4th는 July 4라고 쓰는 일도 있습니다. 읽는 법은 모두, July (the) fourth이고, the는 생략해도 상관 없습니다.

월일을 물을 때는, What day **of the month** is it today ? (오늘은 몇일입니까?)의 형태를 사용하고, It is **the 10th of March.** (3월 10일입니다.)로 대답합니다.

「～월 ～일」이란 경우는, 요일과 마찬가지로, on을 사용합니다.

Our school begins **on** the eighth of April.
(우리들의 학교는 4월 8일에 시작합니다.)

「～월」만의 경우는, in을 사용합니다.

Christmas comes **in December**.
(크리스마스는 12월에 옵니다.)

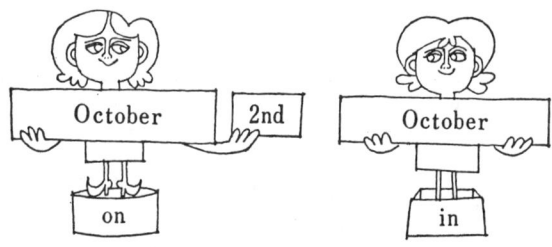

> 하우 이즈 더   웨더   투데이
> How is **the weather** today?
> 오늘은 날씨가 어떻습니까?
> 잇 이즈 클라우디
> **It** is cloudy.
> 흐립니다.

* 기후를 나타낼 때는

「날씨·기후」는 weather이지만, 전후의 관계로부터「날씨」를 말하고 있다고 생각되는 경우는, 시간, 월일의 경우와 마찬가지로, it을 주어로 합니다.

It is fine.   (화창합니다.)
It is cloudy. (흐립니다.)

「비가 온다」「눈이 온다」라고 말할 때는 역시 it을 주어로 하여, rain(비), snow(눈)를 그대로 동사로 사용합니다.

It **rains** much in spring. (봄에는 비가 많이 옵니다.)

「기온」도 마찬가지로, it을 주어로 표현합니다.
    It is warm. (따뜻합니다.)
    It is cold. (춥습니다.)
    It is hot. (덥습니다.)

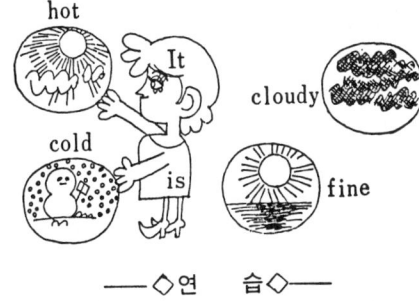

———◇연 습◇———

1. 다음 문장의 (　) 안에, on, in, at 중 알맞은 것을 넣으시오.
  (1) I get up (　) seven every morning.
  (2) He plays tennis (　) Saturday.
  (3) It snows much (　) February.

2. 다음의 요일과 월을 영어로 고쳐 쓰시오.
  (1) 수요일   (2) 목요일   (3) 금요일
  (4) 2월   (5) 8월   (6) 10월

● 해답
1. (1) at   (2) on   (3) in
2. (1) Wednesday (2) Thursday (3) Friday
  (4) February (5) August (6) October

31. 몇 살입니까?

(How old ··· ?)

> 하우 올드 아 유
> **How old** are you?
> 당신은 몇 살입니까?
> 아이 엠 포틴 이어즈 올드
> I am **fourteen years old.**
> 나는 14살입니다.

* **나이를 말할 때**

  나이를 말할 때는, ~old를 I am, You are, He is 등의 뒤에 붙입니다. ~의 부분에는 one year, five years, fourteen years 처럼 「나이 수」를 넣습니다. 이 경우의 old는, He is **old.** (그는 노인입니다.), This is an **old** hat. (이것은 낡은 모자입니다.) 의 old(늙은, 낡은)와 달리 「~년 밖에 지나지 않았다」라는 의미입니다.

나이를 물을 때는, How old~? 를 사용합니다.

How old are you? (당신은 몇 살 입니까?)
　I am ten years old. (나는 10살입니다.)
How old is your father?
　(당신의 아버지는 연세가 어떻습니까?)
　He is forty-four years old. (44세입니다.)

> 하우 롱 이즈 댓 펜슬
> **How long** is that pencil?
> 저 연필의 길이는 얼마입니까?
> 잇 이즈 쓰리 인치즈 롱
> It is **three inches long**.
> 3인치입니다

* 사물의 「길이」 「높이」 등을 말할 때는 「길이」를 나타낼 때는 long을 사용합니다.

> **How long** is the bridge?
> (그 다리는 어느 정도의 길이입니까?)
>
> It is **thirty meters long**.
> (30미터의 길이입니다.)

「높이」는 high 또는 tall, 「폭」은 wide, 「깊이」는 deep를 사용합니다.

> **How high** is that mountain?
> (저 산은 어느 정도의 높이입니까?)
>
> It is **nine hundred meters high**.
> (900미터의 높이입니다.)

[주] 산과 보통 건물처럼 폭이 있는 것에 대해서는 high를 사용하고, 탑과 사람처럼 가늘고 긴 것의 높이에 대해서는 tall을 사용합니다.

> **How tall** are you?
> (키는 얼마입니까?)
>
> I am **five feet two inches tall**.
> (5피트 2인치입니다.

———◇연 습◇———

A와 B를 연결하여 바른 문장을 만드시오.

A	B
(1) The building is	(a) four feet tall.
(2) The lake is	(b) twenty meters long.
(3) The tower is	(c) fifty feet deep.
(4) The boy is	(d) thirty feet high.
(5) The bridge is	(e) two hundred meters tall.

● 해답
(1) d (2) c (3) e (4) a (5) b

32. 처음 뵙겠습니다

(How do you do ?)

> 하우 두 유 두 미스터 브라운
> How do you do, Mr. Brown ?
> 브라운 씨 처음뵙겠습니다.

* 처음 만났을 때의 인사는

  처음으로 소개받은 경우에는, How do you do ? 라고 말하는 것이 보통입니다. 가능한한 상대의 이름을 외워서, 뒤에 붙입니다. 상대도 How do you do, Young-Soo ? (처음뵙겠읍니다, 영수 씨) 처럼 대답합니다. 이것은 「통상적인 문구」이기 때문에, 이대로 외워 둡시다.

> 굳 모닝 영수
> (1) Good morning, Young-Soo ? 안녕하세요, 영수 씨?
> 하우 아 유
> (2) How are you ? 건강하십니까 ?
> 아이 엠 화인 땡큐
> I am fine, thank you. 건강합니다. 고맙습니다.

* **매일매일의 인사는**

매일,또는 자주 만나는 사람과의 인사는, How are you ?를 사용합니다. 그 대답은 I am fine, thank you. (건강합니다. 고맙습니다)이지만, 보통, 그 대답에 이어서, 상대에게 How are you ? 라고 되묻습니다. 그 때는, you를 강조하여 말합니다.

또한, 간단한 인사에는, 다음처럼 말합니다

    Good morning.   [오전 중에]
    Good afternoon.   [저녁까지]
    Good evening.   [저녁부터 잘 때까지]

또한, 친한 사이에는 Hello.'도 자주 사용합니다.

---

(1) **Good-bye, Young-Soo.**
    굳 바이 영수
    안녕, 영수 씨.

(2) **See you next week.**
    씨 유 넥스트 윅
    내주에 만나요.

---

* **헤어질 때의 인사는**

헤어질 때는, Good-bye (또는 Good-by)가 가장 일반적이지만, See you tomorrow (내일 또)와 같은 말도 있습니다.

밤에 잘 때는, Good night (안녕히 주무세요)라고 말합니다.

────◇ 연 습 ◇────

다음과 같은 경우의 인사를 영어로 말하시오.
(1) 모르는 사람을 처음 만났을 경우.
(2) 상대방이 How do you do ? 라고 말했을 경우.
(3) 상대방이 「이번 일요일에 또」라고 말했을 경우.

● **해답**
(1) How do you do ?   (2) How do you do ?
(3) See you next Sunday.

33. ~했다
〔과거형〕

<아이> <워크드> <투> <스쿨> <예스터데이>
I walked to school yesterday.
나는 어제 걸어서 학교에 갔습니다.

* 지나간 일을 말할 때는

「~했다」처럼, 지나간 일(과거의 일)을 나타낼 때, 동사원형 (walk, play 등)에 ed 또는 d를 붙여, 지나간 일을 나타내는 동사를 만듭니다.

walk → walk**ed** (걸었다)   look → look**ed** (보았다)
play → play**ed** (놀았다)   call → call**ed** (불렀다)
want → want**ed** (원했다)   start → start**ed** (출발했다)
like → like**d** (좋아했다)   live → live**d** (살았다)

이것들의 동사를 규칙동사라 합니다.

주의➡ 1. 다음과 같은 단어에는 마지막 한 자를 한 번 더 씁니다.
　　　stop (멈추다) → stopped　　beg (부탁하다) → begged
　　2. 다음과 같은 단어는 y를 i로 고치고 ed를 붙입니다.
　　　try (노력하다) → tried　　cry (울다) → cried

33. ~했다 / 99

> 히 켐 홈 앳 포
> He **came** home at four.
> 그는 4시에 집에 돌아 왔습니다.

* 형을 바꾸어 과거의 일을 나타낸다.

동사 중에는, 형태를 바꾸어 과거의
의미를 나타내는 것도 있습니다.
철자가 비교적 짧은 단어 중에는
이 변화를 하는 단어가 많습니다.

go	→ went (갔다)		come → came	(왔다)
see	→ saw (보았다)		eat → ate	(먹었다)
write	→ wrote (썼다)		tell → told	(말했다)
have	→ had (갖고 있다)		has → had	(갖고 있다)
is	→ was (~이었다)		am → was	(~이었다)
are	→ were (~이었다)			

이들 동사를 불규칙동사라 합니다. 이들 단어는 변화의 규칙이
없으니 그대로 외웁시다.

주의➡ 1. 불규칙 동사 중에는, 변화를 하지 않는 것도 있습니다.

cut (자르다) → cut (잘랐다)   put (놓다) → put (놓았다)

2. read(읽다)는 read(읽었다)가 되어, 형태는 변함없지만,
발음이 변합니다.

> 쉬 뤼즈 잉글리쉬 에브리 데이
> She **reads** English every day.
> 그녀는 매일 영어를 읽습니다.
> 쉬 뤠드 잉글리쉬 예스터데이
> She **read** English yesterday.
> 그녀는 어제 영어를 읽었습니다.

* 과거형에는 3인칭의 s가 필요없다.

현재형의 경우에는, 주어가 3인칭 단수일 때, 동사에는 s 나 es 를 붙이지 않으면 안 됩니다. 그러나, 과거형의 경우에는, s를 es를 붙일 필요가 없습니다.

그러면, 예문의 every day (매일) yesterday (어제)를 빼고, She read English.에 대해 생각해 보면, 이 문장은 과거형 입니다. 그러나, read에 s가 붙어 reads가 되면, 현재형의 문장이 됩니다. s가 붙어 있는 것과, 붙어 있지 않은 것으로서, 의미가 달라지는 것에 주의합시다.

과거형을 나타낼 때는, yesterday (어제), last month (지난달) 등이 함께 사용되고, 현재를 나타낼 때는, every day (매일), now (지금) 등이 사용되는 것도 외웁시다.

다음 문장에 대해 생각해 봅시다.

I **read** English.

이것만으로는, 「나는 영어를 읽는다」라고도, 「나는 영어를 읽었다」라고도 할 수 있읍니다. 그러나, 이 문장에 yesterday가 붙으면 과거이고, **read**는 "뤠드"라고 발음 해야만 합니다. 또한, every day가 붙으면 현재로 "뤼드"로 발음해야만 합니다.

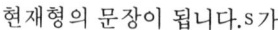

───◇ 연　습 ◇───

1. 다음 단어의 과거형을 쓰시오.
   (1) open　　(2) like　　(3) live　　(4) play
   (5) are　　(6) has　　(7) run　　(8) see
2. 다음 문장을 과거형으로 고치시오.
   (1) Tom plays the violin very well.

(2) I go to school by bus.
(3) Mary knows my brother.

● 해답
1. (1) opened (2) liked (3) lived (4) played
   (5) were   (6) had   (7) ran   (8) saw
2. (1) Tom played the violin very well.
   (2) I went to school by bus. (3) Mary knew my brother.

34. ~했는가? ~하지 않았다. ~하고 있었다
〔과거의 의문, 부정, 진행형〕

> 디드   보브   고우   투   처치   라스트   선데이
> **Did** Bob **go** to church last Sunday?
> 보브는 지난 일요일 교회에 갔습니까?

* 과거의문형은
  현재형의 의문문과 비교해 봅시다.

  { **Does** Bob **go** to church (every Sunday)?   〔현재형〕
  { **Did** Bob **go** to church (last Sunday)?   〔과거형〕

여기서, Does 가 Did 로 바뀌는 것을 알 수 있습니다. go 의 과거형은 **went** 이지만, 의문문에는 went 를 사용하지 않고, go 를 그대로 사용합니다. 이와같이, 영어에서는 Does 를 Did 로 바꾸는 것만으로 과거형이 됩니다.

Do 의 과거형도 Did 이므로, 다음과 같이 됩니다.

{ **Do** you **play** baseball?   (야구를 합니까?)
{ **Did** you **play** baseball? (야구를 했습니까?)

* **was, were, had** 의 경우

이것들도, 현재형의 경우와 비교해 봅시다.

{ **Is** he in the room? (그는 방에 있습니까?)
{ **Was** he in the room? (그는 방에 있었습니까?)
{ **Are** they by the door? (그들은 문 옆에 있습니까?)
{ **Were** they by the door? (그들은 문 옆에 있었습니까?)
{ **Do** you **have** a pen? (펜을 가지고 있습니까?)
{ **Did** you **have** a pen? (펜을 가지고 있었습니까?)

[주] 다음과 같이도 말합니다.

{ **Have** you a pen?
{ **Had** you a pen?

아이 디드 낫 스윔 인 더 폰드
I **did not** swim in the pond.
나는 연못에서 수영하지 않았습니다.

---

* 과거부정형은

과거형도 의문형과 마찬가지로, 현재형의 경우와 비교해 봅시다.

{ I **do not** swim in the pond. [과거형]
{ I **did not** swim in the pond. [의문형]

부정의 경우도, do가 did로 바뀔 뿐이고, swam은 사용하지 않습니다. I did not swam in the pond. 라고는 말하지 않습니다.

34. ~했는가 ~하지 않았다. ~하고 있었다/ 103

* was, were, had 의 경우는

여기서도, 현재형의 경우와 비교해 봅시다.

{ I **am not** sick. (나는 아프지 않습니다.)
{ I **was not** sick. (나는 아프지 않았습니다.)
{ You **are not** a good boy. (자네는 좋은 소년은 아니다.)
{ You **were not** a good boy. (자네는 좋은 소년은 아니었다.)
{ I **do not** have a watch. (나는 시계를 갖고 있지 않습니다.)
{ I **did not** have a watch. (나는 시계를 갖고 있지 않았습니다.)

[주] 다음과 같이도 말합니다.

{ I **have not** a watch.
{ I **had not** a watch.

아이 워즈 플래잉 베이스볼
(1) I **was playing** baseball.
나는 야구를 하고 있었습니다.
워 유 뤼딩 어 북
(2) **Were** you **reading** a book?
당신은 책을 읽고 있었습니까?

* 과거진행형이란

현재진행형은 「is (am, are) +ing」이지만, **과거진행형은** 「was (were) +ing」의 형으로 나타냅니다.

과거진행형은, 과거 어느 시기에, 어떤 동작이 행해지고 있는 도중임을 나타낼 때 사용되는 말로 「…하고 있는 중이었습니다.」라는 의미가 됩니다.

* 과거진행형의 의문형과 부정형은

의문형은, was (were)를 주어 앞에 놓고, 부정형은 was (were) 뒤에 not 를 붙입니다.

You **were reading** a book. (당신은 책을 읽고 있었습니다.)
Were you **reading** a book? [의문형]
You **were not reading** a book. [부정형]

The bird **was singing**. (새가 지저귀고 있었습니다.)
Was the bird **singing**?　　　　　　[의문형]
The bird **was not singing**.　　　　　[부정형]

───◇ 연　　습 ◇───

1. 다음 문장을 의문문과 부정문으로 고치시오.
    (1) He looked at the picture.
    (2) Mary went to the store.
    (3) They played softball.
    (4) You came home at five.
2. 다음 문장을 과거진행형 문장으로 고치시오.
    (1) Kate is putting a vase on the table.
    (2) We went to the station.

● 해답
1. (1) Did he look at the picture? He did not look at the picture.
    (2) Did Mary go to the store? Mary did not go to the store.
    (3) Did they play softball? They did not play softball.
    (4) Did you come home at five? You did not come home at five.
2. (1) Kate was putting a vase on the table.
    (2) We were going to the station.

35. ~할 것입니다

(be going to~)

| 위 | 아 | 고우잉 | 투 | 해브 | 어 | 테스트 | 투모로우 |
We are going to have a test tomorrow.
내일 시험이 있을 것입니다.

35. ~할 것입니다 / 105

* 「~예정입니다」를 나타낼 때는

지나간 일을 말할 때는 과거형을 쓰지만, 현재보다도 「미래」의 일을 나타낼 때는, 「are(am, is) +going to~」의 형을 사용합니다.

「are(am, is) going to~」는, 「…할 예정입니다」라는 의미입니다. 이 형태에 사용되는 going에는 「가고 있다」라는 의미는 없습니다. are는 주어가 바뀜에 따라, am·is로 변합니다.

일반적인 형태로, **be going to**를 정리하여 외웁시다. be는 am, are, is의 원형입니다.

[예] (a) **I am going to** go on a picnic next Sunday.
(이번 일요일에 나는 소풍갑니다.)

주의➡ 이 문장에서는 go가 두 번 겹치기 때문에 to go를 생략하여,

I am going on a picnic next Sunday.

라고 해도 같은 의미를 나타냅니다.

(b) It **is going to** rain.

비가 올 것 같습니다.

왓 아 유 고우잉 투 두 디스 애프터눈
What **are** you **going to** do this afternoon ?
오늘 오후 당신은 무엇을 할 계획입니까 ?

* 「~할 계획」을 말할 때는

be going to~ 「~할 예정입니다」라는 의미 이외에, 가까운 장래

에,「~할 계획입니다」라는 의미를 나타내는 경우도 있습니다.
 어느 의미인가는, 문장 전후의 관계로부터 판단할 수밖에 없습니다.
다음 문장에 대해 생각해 봅시다.
- (1) I **am going to** start at 7.
   (나는 7시에 출발할 계획입니다.)
- (2) We **are going to** start at 7.
   (우리는 7시에 출발합니다.)

 이 두 예문 중,(1)은「계획」의 의미가 강하지만,(2)는 판단할 수가 없읍니다.「~할 것입니다」도「~할 계획입니다」도 모두 좋습니다.

───◇ 연 습 ◇───

( ) 안의 단어를 첨가하여, 다음 문장을, be going to~를 사용하여 고쳐쓰시오. 또, 그 문장의 의미를 말하시오.

- (1) It is fine.   (tomorrow)
- (2) They visit you.   (next week)
- (3) She writes a letter to him. (this afternoon)

● 해답

- (1) It is going to be fine tomorrow.
   (내일은 좋은 날씨일 것입니다.)
- (2) They are going to visit you next week.
   (그들은 내주에 당신을 방문할 것입니다.)
   (또는, 방문할 예정입니다.)
- (3) She is going to write a letter to him this afternoon.
   (그녀는 오늘 오후 그에게 편지를 쓸 것입니다.)

36. ~일 것입니다

(will, shall)

<small>아이 윌 비 프리 투모로우</small>
(1) I **will** be free tomorrow.
나는 내일 시간이 있을 것입니다.
<small>쉬 윌 헬프 어스</small>
(2) She **will** help us.
그녀는 우리를 도와줄 것입니다.

---

* 「~일 것입니다」를 말하는 법

「~일 것입니다」「~이겠지」처럼 미래 사실을 나타낼 때는 be going to 외에, will을 사용하여 표현할 수도 있습니다.

{ I **am going to** be free tomorrow.
{ I **will**   be free tomorrow.

이 will은 **조동사**로, can 등과 같은 역할을 하지만, 이 단어는 미래를 나타낼 때 사용됩니다. 이 will과 같은 역할을 하는 단어에 shall이 있습니다. 예문 (1)은 다음과 같이 말해도 좋습니다.

I **shall** be free tomorrow.

주의 ➡ shall은 영국에서, will은 미국에서 사용됩니다.

* will과 shall의 구별은

will은 인칭에 관계없이 사용되지만, shall은 1인칭에만 사용됩니다. shall이 2인칭, 3인칭에 사용될 때는 의미가 달라집니다.

I will ~.	I shall ~.	We will ~.	We shall ~.
You will ~.	You shall ~.	You will ~.	You shall ~.
He She } will ~. It	He She } shall ~. It	They will ~.	They shall ~.

주의 ➡ { You will go.　(당신은 갈 것입니다.)
　　　{ You shall go.　(당신은 가게 될 것입니다.)

* 의문형과 부정형은

will, shall은 조동사이므로, can과 마찬가지로 의문형, 부정형이 가능합니다.

　　They **will** play baseball this afternoon.
　　(그들은 오늘 오후에 야구를 할 것입니다.)
　　Will they play baseball this afternoon?　　[의문형]
　　They **will not** play baseball this afternoon.　[부정형]

──◇ 연　습 ◇──

다음 문장의 (　) 안에 부사를 넣어, will 사용하여 미래형 문장으로 고치시오.

(1) My father goes to America.　(next month)
(2) We do not have any English class.　(tomorrow)
(3) His sister is ten years old.　(next October)
(4) Does he work hard?　　(next week)

● 해답

(1) My father will go to America next month.
(2) We will not have any English class tomorrow.
(3) His sister will be ten years old next October.
(4) Will he work hard next week?

37. …하지 않겠읍니까? …할까요?

(Will you … ? Shall I … ?)

(1) **Will** you please open the window?
 윋   유   플리즈 오픈 더   윈도우
 창을 열어 주시지 않겠읍니까?

(2) **Shall** I open the window?
 쉘   아이 오픈 더   윈도우
 창을 열까요?

* **상대방에게 부탁할 때는**

 상대방에게, 「…해 주시지 않겠읍니까?」라고 부탁할때는, will you~?의 형태를 사용합니다. 이 때 please를 붙이면 정중한 표현이 됩니다.

> **Will you** (please) open the door?
> (문을 열어 주시지 않겠읍니까?)
>
> **Will you** (please) show me the way to the station?
> (역으로 가는 길을 가르쳐 주시지 않겠읍니까?)

비교⇨ 문을 여시오. [명령문]

이 will은 의지를 나타내고 있습니다.

> I **will** do my best.   (나는 최선을 다할 것입니다.)
> I **will** never tell a lie. (나는 결코 거짓말은 하지 않습니다.)

이 I will~. 은 의지미래형 입니다.

* **상대의 의견을 물을 때는**

 「…할까요」하고 상대방의 의견을 물을 때는, Shall I~?의 형태를 사용합니다.

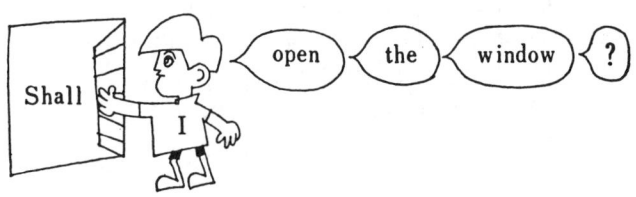

다음의 예도 같습니다.

What shall I do next? (다음에 무엇을 할까요?)

이처럼 Shall I~?는 「상대의 의견」을 묻는 형태이지만, 다음과 같은 경우도 있으니 주의합시다.

Shall I get well soon? (나는 곧 좋아지겠죠?)

이것은, 환자가 의사 등에게 묻는 문구입니다. 이 경우의 Shall I~?는 <u>단순미래</u>이고 의지와는 관계가 없습니다.

다음 예문처럼, Shall I~?와 매우 비슷한 형태가 있지만, 의미가 다르니 주의합시다.

Shall he come to you?
   (당신에게 그를 보낼까요?)

비교⇨ **Will he come to you?**
   (그는 당신에게 올 것입니까?)

───◇ 연   습 ◇───

다음 문장의 의미의 다른점을 말하시오.

(1) { (a) Will you be at home tomorrow?
     { (b) Will you come to my house tomorrow?
(2) { (a) Shall we be in time for the train?
     { (b) Shall we start at once?
(3) { (a) Shall I get there at two?
     { (b) Shall I read the book for you?

● 해답
(1) (a) 내일 당신을 집에 계실 것입니까?
    (b) 내일 나의 집에 와 주시겠습니까?
(2) (a) 우리는 열차 시각에 대어 갈 수 있을까요?
    (b) 우리는 금방 출발할 것입니까?
(3) (a) 그곳에 2시에 도착할 수 있을까요?
    (b) 당신에게 책을 읽어 드릴까요?

38. 한 컵의~, 한 장의~

(a cup of~, a piece of~)

> 아이 드링크 어 컵 오브 티
> I drink **a cup of** tea.
> 나는 차 한 잔을 마십니다.

* 「한 컵의~」「한 장의~」를 말할 때는

water(물)과 tea(차)처럼 물질을 나타내는 단어(물질명사라 한다)는, 일정한 형태와 크기가 없기 때문에, 하나, 둘로 셀 수 없습니다. 그래서, 용기 등을 사용하여, 그 양을 나타냅니다.

a glass of water   **a cup of** tea

또한, paper(종이), chalk(분필)등은 국어의 느낌으로는 a book 처럼 a를 붙여 a paper, a chalk라고 말할 것 같지만, 영어에서는 water와 같은 물질명사이므로, 역시 다른 단어의 도움을 받아 수와 양을 나타냅니다.

    a sheet of paper   (종이 한 장)
    a piece of chalk   (분필 한 개)

> 아이 해브 투 피시즈 오브 쵸크
> I have **two pieces of** chalk.
> 나는 분필을 두 개 가지고 있습니다.

* 「두 자루의~」「세 잔의~」를 나타낼 때는

a piece of chalk(분필 한 개)를 복수형으로 할 때는 piece를 pieces

로 바뀝니다. 물질명사(chalk, water 등)에는 복수형이 없습니다.

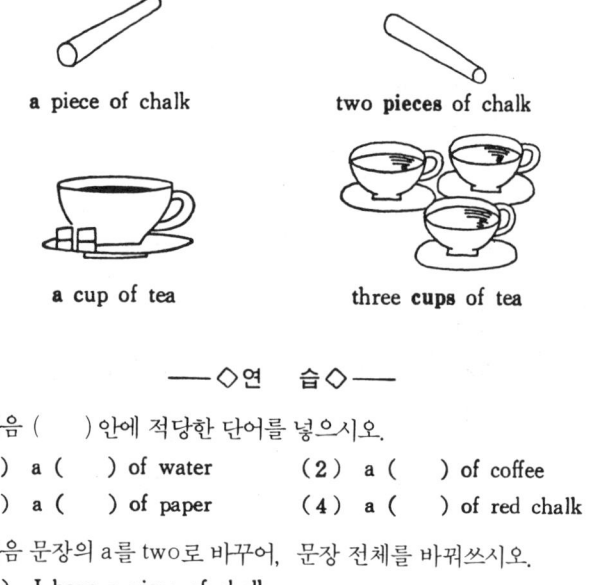

a piece of chalk

two pieces of chalk

a cup of tea

three cups of tea

───◇연　습◇───

1. 다음 (　) 안에 적당한 단어를 넣으시오.
   (1)　a (　　) of water　　(2)　a (　　) of coffee
   (3)　a (　　) of paper　　(4)　a (　　) of red chalk

2. 다음 문장의 a를 two로 바꾸어, 문장 전체를 바꿔쓰시오.
   (1)　I have a piece of chalk.
   (2)　He drinks a cup of tea.
   (3)　She has a sheet of paper.
   (4)　The dog wanted a piece of meat.

● 해답

1. (1)　glass　　(2)　cup　　(3)　sheet 또는 piece　　(4)　piece
2. (1)　I have two pieces of chalk.
   (2)　He drinks two cups of tea.
   (3)　She has two sheets of paper.
   (4)　The dog wanted two pieces of meat.

39. 많은, 적은

(many, much; few, little)

(1) Do you have **many** books?
　　두　유　해브　매니　북스
　　당신은 많은 책을 갖고 있습니까?
(2) Do you drink **much** tea?
　　두　유　드링크　마치　티
　　당신은 많은 차를 마십니까?

* 「많은」을 나타낼 때는

「많은」의 의미를 나타낼 때, many, much를 사용하지만, many는 「수」가 많을 때, much는 「양」이 많을 때 사용합니다.

$$\text{many} + \begin{cases} \text{books} \\ \text{desks} \\ \text{children} \end{cases} \qquad \text{much} + \begin{cases} \text{ink} \\ \text{rain} \\ \text{water} \end{cases}$$

하나 둘로 셀 수 있는 것이 많을 때는 many, 하나 둘로 셀 수 없는 것(물질명사)이 많을 때는 much를 사용합니다.

[예] Are there **many** boys in the room?
　　　(방에 많은 소년이 있습니까?)

Is there **much** water in the glass?

(컵에 물이 많이 있습니까?)

주의➡ much water 는 much waters 로 해서는 안 됩니다.

* 「적은」을 나타낼 때는

「적은」이란 의미를 나타낼 때는, a few, a little을 사용하지만, a few는 수가 적을 때, a little은 양이 적을 때 사용합니다.

There are **a few** trees. (나무가 조금 있습니다.)
There is **a little** ink. (잉크가 조금 있습니다.)

* 「조금밖에 없다」를 나타낼 때는

「그다지 없다」와 「조금밖에 없다」라는 의미를 나타낼 때는 few·little을 사용합니다. a가 있으면 「조금은 있다」가 되고, a가 없으면 「조금밖에 없다」라는 의미가 됩니다. a가 없는 점에 주의합시다. few는 「수」일 때, little은 「양」일 때 사용합니다.

I have **few** English books.

(나는 영어책을 조금밖에 갖고 있지 않습니다.)

I have **little** money.

(나는 돈이 조금밖에 없습니다.)

———◇ 연 습 ◇———

1. 다음 문장의 (   )안에 many나 much를 넣으시오.
 (1) I don't have (   ) friends.
 (2) She doesn't drink (   ) milk.
 (3) There is (   ) water in the river.
2. 다음 영문이 국어의 의미가 되도록 (   )안에 a few, a little, few little 중 하나를 넣으시오.
 (1) She has (   ) friends.
   (그녀에게는 친구가 조금밖에 없습니다.)

(2) There is ( ) sugar.
   (설탕이 조금 있습니다.)
(3) I have ( ) friends in America.
   (나는 미국에 친구가 조금 있습니다.)

● 해답
1. (1) many   (2) much   (3) much
2. (1) few   (2) a little (3) a few

40. a 와 the 의 사용법

> 더　　한리버　　이즈 어　롱　　리버
> The Han River is a long river.
> 한강은 긴 강입니다.

* **a 와 the 의 사용법**

보통 book이나 boy처럼 셀 수 있는 단수 명사에는, a(an)나 the (이것들을 관사라합니다)가 붙습니다. 처음 화제에 오른 명사에는 a 나 an을 붙이고, 같은 명사가 두 번째 나올 때는 the를 붙여, 그것이 앞에 나왔던 것과 같은 것임을 나타낸다.

   I keep **a dog**. I love **the dog** very much.
   (나는 개를 키우고 있습니다. 나는 그 개가 매우 좋습니다.)

* **the의 특별한 사용법**

위에서처럼, 두 번째 나온 단어 뿐 아니라, the는 다음과 같은 때 는 처음 나올 때도 사용됩니다.

(1) 전후관계로 보아 분명히 어느 것을 가리키고 있는지 알 때,

   Please open **the window**.　　(창문을 열어 주세요.)
   There is a book **on the desk**.
   (책상 위에 책이 있습니다.)

(2) 특별한 것을 가리키지 않고, 그 종류 전체를 대표하여 「～라는 것은」하고 말할 때

The horse is a faithful animal. (말은 충실한 동물입니다.)

[주] 종류 전체를 나타낼 때, 다음 세 가지 화법이 있습니다.

The horse is a useful animal.

A horse is a useful animal.

Horses are useful animals.

(3) 다음과 같은 통상적인 문구 속에서

We have four classes **in the morning.**

(우리는 오전 중에 4시간 수업이 있습니다.)

He plays tennis **in the afternoon.**

(그는 오후에 테니스를 합니다.)

They go home **in the evening**.

(그들은 저녁에 집에 돌아옵니다.)

(4) 보통 인명과 지명(고유명사)에는 a와 the가 붙지 않지만, 다음과 같은 때는 the가 사용됩니다.

the Han River (한강 – 강 이름)

the Angel (엔젤호 – 배 이름)

the Dong-A Il-bo (동아일보 – 신문 이름)

the Alps (알프스 산맥 – 산맥 이름)

아이　고우　투　　스쿨　　에브리　데이
I　go　to　**school**　every　day.
나는 매일 학교에 갑니다.

---

* a와 the가 붙지 않을 때

Jack lives in **New York.**

(잭은 뉴욕에 살고 있습니다.)

이 문장에서, 잭과 뉴욕처럼, 인명이나 지명들(고유명사)에는, 보통 a도 the도 붙지 않지만, 그 외에도 관사가 붙지 않는 경우도 있습

니다.
(1) 물질을 대표하는 것 ; water (물), iron (철) 등
   I want a glass of **water**. (나는 물을 한 컵 마시고 싶다.)
(2) 집합체를 나타내는 것 ; people (사람들) 등
   The bus was full of **people**.
   (그 버스는 사람들로 만원이었습니다.)
(3) 용도와 목적이 중심으로 생각되는 것 ; school (학교), church (교회) 등
   I go to **school** every day. (나는 매일 학교에 갑니다.)
   What time do you go to **bed**? (몇시에 잡니까?)

(4) 통상적인 문구에서 ; by bus (버스로), at night (밤에) 등
   I went there **by train**. (나는 거기에 기차로 갔습니다.)
   He will come home **at noon**.
   (그는 정오에 집에 돌아올 것입니다.)

───◇ 연　　습 ◇───

다음 문장의 (　)에, a(an) 또는, the를 넣으시오. a(an)도 the도 필요없을 때는, x를 넣으시오.
(1) He has (　) black dog. (　) dog is very big.
(2) He can speak (　) English very well.
(3) I want (　) some sugar.
(4) I'll be at (　) home this afternoon.

● 해답
(1)　a, The　　(2) ×　　(3). ×　　(4) ×

41. ~해도 좋다. ~하지 않으면 안 된다

(may, must)

> 유　매이　스윔
> You **may** swim.
> 당신은 수영해도 좋습니다.

* 「~해도 좋다」를 나타낼 때는

「~해도 좋다」라는 의미를 나타낼 때는, **may**를 사용합니다. may 는 can과 같이 조동사이므로, 동사 앞에 옵니다.

　　　You　　　 swim.　(당신은 수영합니다.)
　　　You **may** swim.　(당신은 수영해도 좋습니다.)

may는 「~일지도 모릅니다.」라는 의미를 나타내는 일도 있습니다.

　　　She　　　 is ill.　　(그녀는 아픕니다.)
　　　She **may** be ill.　(그녀는 아플지도 모릅니다.)

주의➡ may가 있기 때문에 is를 사용하지 않고 be를 사용합니다.

may의 「~해도 좋습니다」「~일지도 모릅니다」의 구별은, 문장 전후관계로 생각할 수밖에 없습니다. 문장의 전후 관계가 분명하지 않은 경우에, He **may** come. 하고 말하면, 「그는 와도 좋습니다.」 「그는 올 것입니다.」의 어느 쪽도 가능합니다. 일반적으로 말해서, you가 있는 문장에서는 「~해도 좋습니다」라는 경우가 많게 됩니다.

> 유　머스트　런　훼스트
> You **must** run fast.
> 당신은 빨리 달리지 않으면 안 됩니다.

* 「~하지 않으면 안 됩니다」를 나타낼 때는

「~하지 않으면 안 됩니다」를 나타낼 때, **must**를 사용하지만, 이 단어는 「~임에 틀림없다」라는 의미를 나타내는 경우도 있습니다.

$$\begin{cases} \text{You \qquad run fast.} & (\text{당신은 빨리 달립니다.}) \\ \text{You } \textbf{must} \text{ run fast.} \end{cases}$$

(당신은 빨리 달리지 않으면 안 됩니다.)

$$\begin{cases} \text{He \qquad is an American.} & (\text{그는 미국인입니다.}) \\ \text{He } \textbf{must} \text{ be an American.} \end{cases}$$

(그는 미국인임에 틀림없습니다.)

이 두 가지 의미의 구별은, may의 경우와 마찬가지로, 문장 전후의 관계로 판단합니다.

　　　　히　　매이　　낫　　컴　　　히어
(1) He **may not** come here.
　그는 여기에 오지 않을지도 모릅니다.
　　　　유　　머스트　　낫　　고우　　데어
(2) You **must not** go there.
　당신은 거기에 가서는 안 됩니다.

---

* 「～이 아닐지도 모른다」「～해서는 안 된다」를 나타낼 때는

　may와 must가 들어 있는 문장을 부정문으로 할 때는, may와 must 의 바로 뒤에 not를 넣으면 되지만, 그 때의 의미에 주의합시다. may not는, 보통 「～이 아닐지도 모릅니다」, must not은 「～해서는 안 됩니다」라는 의미를 나타내며, 다음과 같이 사용됩니다.

$$\begin{cases} \text{He } \textbf{may} \text{ \qquad come here.} & (\text{그는 여기에 올지도 모릅니다.}) \\ \text{He } \textbf{may not} \text{ come here.} \end{cases}$$

(그는 여기에 오지 않을지도 모릅니다.)

$$\begin{cases} \text{You } \textbf{must} \text{ go there.} \\ \quad (\text{당신은 거기에 가지 않으면 안 됩니다.}) \\ \text{You } \textbf{must not} \text{ go there.} \end{cases}$$

(당신은 거기에 가서는 안 됩니다.)

> 매이 아이 뤼드 디스 북 에스 유 매이
> (1) **May** I read this book? Yes, you **may**.
>   이 책을 읽어도 좋습니까?   예, 좋습니다.
>   머스트 히 고우
> (2) **Must** he go? 그는 가야만 합니까?
>   노   히   니드 낫
>   No, he **need not**.
>   아니오, 그럴 필요는 없습니다.

* 「~해도 좋습니까?」라고 물을 때는

 「~해도 좋습니까?」라고 물을 때는, **May I~?** 형태를 사용합니다. 「~하지 않으면 안 됩니까?」에는 **Must~?**를 사용합니다. 이 질문과 대답의 관계에 주의합시다.

$$\textbf{May I read this book?} \quad \begin{cases} \textbf{Yes, you may.} \\ \textbf{No, you may not.} \end{cases}$$

(No, you **must not**. 이라고 대답해도 좋습니다.)

$$\textbf{Must he go?} \quad \begin{cases} \textbf{Yes, he must.} \\ \textbf{No, he need not.} \end{cases}$$

주의➡ **need not** 은 「~할 필요없다」라는 의미의 조동사로, can, may, must 와 마찬가지로, 주어가 he이어도 s가 붙지 않습니다.

---◇ 연 습 ◇---

1. 다음 문장의 적당한 위치에 (   )안의 단어를 넣으시오.

    (1) You sing a song.   (may)
    (2) You go to Bill's house. (may)
    (3) She plays the piano.   (must)
    (4) He goes by bus.   (must)

2. 다음 질문에 대한 대답의 —에, 적당한 단어를 넣으시오.

    (1) May I go out? Yes, you _____.

(2) May I come in? No, you _____ _____.
(3) Must you read it? Yes, I _____.
(4) Must she learn English? No, she _____ _____.

3. 다음 문장이 국어와 같은 의미가 되도록, ( )안에 적당한 단어를 넣으시오.
   (1) 그는 피로함에 틀림없습니다. He ( ) ( ) tired.
   (2) 당신은 방을 청소하지 않아도 좋습니다.
       You ( ) ( ) clean the room.
   (3) 창문을 열어도 좋습니까?
       ( ) I ( ) the window?
   (4) 여러분은 이 강에서 수영해서는 안 됩니다.
       You ( ) ( ) swim in this river.
   (5) 내일은 비가 올지도 모릅니다.
       It ( ) ( ) rainy tomorrow.

● 해답
1. (1) You may sing a song.
   (2) You may go to Bill's house.
   (3) She must play the piano.
   (4) He must go by bus.

2. (1) may   (2) may not 또는 must not   (3) must
   (4) need not
3. (1) must, be   (2) need, not   (3) May, open
   (4) must, not   (5) may, be

42. ~하지 않으면 안 된다. ~할 수 있다
(have to; be able to)

유　해브　투　뤼드　더　북
You **have to** read the book.
당신은 그 책을 읽지 않으면 안 됩니다.

* 「~하지 않으면 안 된다」의 표현법

must는, 「~하지 않으면 안 됩니다」라는 의미에 사용되지만, 이것을 have to (has to)를 사용하여 말할 수 있습니다.

> You **have to** run fast. = You **must** run fast.
> (당신은 빨리 달리지 않으면 안 됩니다.)
>
> She **has to** help her mother. = She **must** help her mother.
> (그녀는 어머니를 돕지 않으면 안 됩니다.)

주어가 I와 You일 때는 have to, He와 She일 때는 has to를 사용합니다.

have to (has to)의 부정형은, **do (does) not have to**이고, need not과 마찬가지로, 「~하지 않아도 좋습니다」라는 의미가 됩니다.

> You **do not have to** come.
> = You **need not** come.
> (당신은 오지 않아도 좋습니다.)
>
> He **does not have** to go there.
> = He **need not** go there.
> (그는 거기에 가지 않아도 좋습니다.)

have to (has to)의 의문형은, do와 does를 사용하여, 다음과 같이 말합니다.

> You **have to** run fast. → **Do** you **have to** run fast?
> (You **must** run fast. → **Must** you run fast?)
> (당신은 빨리 달리지 않으면 안 됩니다.)
>
> He **has to** go there. → **Does** he **have to** go there?
> (He **must** go there. → **Must** he go there?)
> (그는 거기에 가지 않으면 안 됩니다.)

이와 같은 질문에 대한 대답은, 다음과 같이 됩니다.

> Do you have to run fast? { **Yes, I do.**
> **No, I don't.**

> 아이 해드 투 뤼드 더 북
> **I had to** read the book.
> 나는 그 책을 읽지 않으면 안 됐습니다.

* 「…하지 않으면 안 됐다」「…하지 않으면 안 될 것이다」를 나타낼 때는

   must(~하지 않으면 안 된다)의 과거형은, 같은 형의 must이지만, 「~하지 않으면 안 됐다」의 의미를 나타낼 때는, must는 보통 문장에서 사용하지 않고, had to(have to의 과거형)가 사용됩니다.

[현재]

I **must** read the book.
I **have to** read the book.
(나는 그 책을 읽지
않으면 안 됩니다.)

[과거]

I **had to** read the book.

(나는 그 책을 읽지
않으면 안 됐습니다.)

마찬가지로, 「~하지 않으면 안 될 것이다」라고 미래를 나타낼 때는 will(shall) have to라는 형태를 사용하고, will must라고는 말하지 않습니다.

[현재]

She **must** go there.
She **has to** go there.

[미래]

She **will have to** go there.

(그녀는 거기에 가야만 합니다.) (그녀는 거기에 가야만 했습니다.)

> 히 윌 비 애이블 투 뤼드 디스 북
> **He will be able to** read this book.
> 그는 이 책을 읽을 수 있을 것입니다.

* 「할 수 있다」의 표현법

   조동사 can은 미래를 나타낼 경우에, will can이라고 조동사 두 개를 겹쳐 쓸 수 없기 때문에, can의 변형 **be able to**를 사용하여 will be able to라고 합니다.

be able to를 사용하여, 과거와 현재를 나타낼 수도 있습니다.

[현재]   He **is able to** read this book.
(그는 이 책을 읽을 수 있습니다.)

[과거]   He **was able to** read this book.
(그는 이 책을 읽을 수 있었습니다.)

[미래]   He **will be able to** read this book
(그는 이 책을 읽을 수 있을 것입니다.)

———◇ 연　　습 ◇———

1. 다음 문장에 have to나 has to를 사용하여, 「~하지 않으면 안 됩니다」라는 의미의 문장을 만드시오.
   (1) I start at once.
   (2) You come home.
   (3) Jane helps her mother.
   (4) They wash their clothes.
   (5) He does his homework.

2. 다음 문장을 미래형 문장으로 만드시오.
   (1) You can play the piano.
   (2) She can visit her aunt.
   (3) I must study English hard.
   (4) He must get up at six.

● 해답
1. (1) I have to start at once.　　(2) You have to come home.
    (3) Jane has to help her mother.
    (4) They have to wash their clothes.
    (5) He has to do his homework.
2. (1) You will be able to play the piano.
    (2) She will be able to visit her aunt.
    (3) I will have to study English hard.
    (4) He will have to get up at six.

43. aren't, don't, can't 등

(1) **Are** you tired?
아 유 타이어드

여러분은 피곤합니까?

No, we **aren't**. 아니오, 피곤하지 않습니다.
노 위 안트

(2) **Do** they play baseball?
두 데이 플레이 베이스볼

그들은 야구를 합니까?

No, they **don't**. 아니오, 하지 않습니다.
노 데이 돈트

* **단축형의 aren't, don't 등에 대해서**

부정의미를 나타내는 not은, are와 do 등과 함께 사용되면, aren't, don't 처럼 단축형이 됩니다. 자주 사용되는 단축형은, 다음과 같은 것입니다. "'"는 생략기호로, not의 o를 생략한다는 표시입니다.

is not = isn't	are not = aren't
have not = haven't	has not = hasn't
do not = don't	does not = doesn't
can not = can't	will not = won't
was not = wasn't	were not = weren't

◇ 연 습 ◇

다음 문장을 단축형을 사용한 부정문으로 고치시오.

(1) Tom has a piano.　　　(2) That glove is yours.
(3) Nancy can sing well.　　(4) They were by the gate.
(5) They will be free tomorrow.

● 해답

(1) **Tom doesn't have a piano.** 또는 **Tom hasn't a piano.**
(2) **That glove isn't yours.**　　(3) **Nancy can't sing well.**
(4) **They weren't by the gate.**　(5) **They won't be free tomorrow.**

44. …이군요?
(isn't it?　do you?)

(1) This book is mine, **isn't it**?
   디스　북　이즈　마인　이즌트　잇
   이 책은 내 것이군요?

(2) You don't speak French, **do you**?
   유　돈　스피크　후렌치　두　유
   당신은 프랑스어를 말하지 못하는군요?

*「…이군요?」와 같은화법

「…이군요?」처럼 상대에게 다짐하는 화법은, 문장 끝에, 각각의 문장에 상응하는 문구를 첨가하여 나타냅니다. 이 첨가된 문구는 의문의 형태를 취하기 때문에 **부가의문문**이라 합니다. 예문의 굵은 글씨로 쓴 부분이 부가의문문입니다. 부가의문문과 주문과의 관계는 다음과 같습니다.

> **This book is** mine, **isn't it?**
> **Tom has** a dog, **doesn't he?** (또는 **hasn't he?**)
> (톰은 개를 키우고 있군요?)
> **You can** skate, **can't you?**
> (당신은 스케이트를 탈 수 있군요?)
> **It was** a fine day yesterday, **wasn't it?**
> (어제는 좋은 날씨였지요?)

This is → isn't it, You can → can't you 처럼, 주문이 긍정문일 경우는, 부가의문문은 부정의문형으로 됩니다.

주문이 부정문일 경우에는 다음과 같이 됩니다.

> **This book isn't** mine, **is it?**
> (이 책은 내 것이 아니군요?)
> **It wasn't** a fine day yesterday, **was it?**
> (어제는 좋은 날씨가 아니였지요?)

This isn't → is it, It wasn't → was it 처럼, 부정의문문은 긍정의문형으로 됩니다.

주의 ➡ 부가의문문과 주문과의 사이에는 ","를 넣습니다.

———◇ 연　　습 ◇———

다음 문장을 「~이군요」라는 의미를 나타내는 문장으로 바꾸시오.
(1) This is a good book.
(2) You are the oldest of all.
(3) Mary lives in Washington.
(4) We stopped at page sixty last time.
(5) You didn't come here.

● 해답
(1) This is a good book, **isn't it?**
(2) You are the oldest of all, **aren't you?**

(3) Mary lives in Washington, doesn't she?
(4) We stopped at page sixty last time, didn't we?
(5) You didn't come here, did you?

45. …하는 것, …할 것, …하기 위해서
[부정사]

> 히   라익스 투 플레이   베이스볼
> (1) He likes **to play** baseball.
>   그는 야구하기를 좋아합니다.
> 아이 해브 어 랏 오브 띵스   투 두   투데이
> (2) I have a lot of things **to do** today.
>   나는 오늘 할 일이 많습니다.
> 엉클   쫀   켐   투 씨   어스
> (3) Uncle John came **to see** us.
>   쫀 아저씨가 우리를 만나러 왔습니다.

* 부정사란

  예문의 굵은 활자부분 to play, to do, to see처럼 「to+동사」의 형태를 부정사라 합니다. 다음 두 문장을 비교해 봅시다.

  (a) He wants **to go** there.
      (그는 거기에 가기를 바라고 있습니다.)
  (b) He   goes there. (그는 거기에 갑니다.)

  (a) 문장의 go는, 주어가 3인칭 (He)이어서, 「시제」가 현재라도 goes는 되지 않지만, (b) 문장에서는 goes가 됩니다.

  (a) He wanted **to go** there.
      (그는 거기에 가기를 바랬습니다.)
  (b) He   went there. (그는 거기에 갔습니다.)

  (a)에서는 go의 형태가 변하지 않았지만, (b)에서는 went로 변했습니다.

  이것으로 볼 때, 「부정사는 주어의 인칭, 수, 시제에 의해서, 그 형

태가 바뀌지 않는 동사의 형이다」라고 말할 수 있습니다.

* **부정사의 용법이란**

부정사에는 다음의 용법이 있습니다.

(1) 「…하는 것」 [**명사적 용법**]

{ I like **to read**. (나는 읽는 것을 좋아합니다.)
{ I like **apples**. (나는 사과를 좋아합니다.)

이 예문에서 to read와 apples는 같은 역할을 합니다. apples는 명사로 like의 목적어가 되어 있습니다. to read는 「독서하는 것」이란 의미로, like의 목적어가 되어 있습니다. 결국 to read는 명사의 역할을 하고 있다고 말할 수 있습니다.

다음의 두 예는, 같은 명사적 용법의 예이지만, (a)의 문장에서는 보어, (b) 문장에서는 주어가 되어 있습니다.

(a) My hobby is **to collect** stamps. [보어]
  (내 취미는 우표수집입니다.)
(b) **To speak** English is difficult. [주어]
  (영어를 말하기는 어렵습니다.)

(2) 「…할, …해야할」 [**형용사적 용법**]

I have a lot of things **to do** today.

(나는 오늘 할 일이 많이 있습니다.)

이 문장의 a lot of things to do는, 「할 일이 많이」라는 의미로,to do는 things(일)라는 명사를 수식하고 있습니다. 이 to do는 형용사 역할을 하고 있는 것입니다.

형용사적 용법의 부정사는, 언제나 그것이 형용하는 명사(또는 대명사) 뒤에 옵니다.

(3) 「…하기 위해서, …해서」 [**부사적 용법**]

I went to the airport **to meet** Mr. Smith.

(나는 스미스 씨를 맞기 위해 공항에 갔습니다.)

이 문장의 to meet는, airport를 형용하고 있는 것이 아니라「만나기 위해서」라는 의미가 되어, 동사 went에 걸리고 있습니다. 결국, 부사 역할을 하고 있습니다.

I am glad **to see** you.

(당신을 만나서 반갑습니다.)

이 문장에서는, to see는 형용사의 glad에 걸려서, glad(반갑습니다)의 「원인」을 나타내고 있습니다.

──◇ 연　　습 ◇──

I. 다음 (　) 안에서 맞는 것을 고르시오.
 (1) He wants (swim, swims, to swim) in the sea.
 (2) I don't like (read, reads, to read) the book.
 (3) There are a lot of (things to see, to see things).
 (4) Give me (to eat something, something to eat).
 (5) He works hard (passes, pass, to pass) the examination.

2. 다음 밑줄 친 부분의 해석은, a, b, c, d 중 어느 것이 맞습니까?

(1) We had nothing <u>to eat</u> for a week.
   a. 먹어서   b. 먹기 위해   c. 먹을 것
   d. 먹기 위한
(2) Tom was very happy <u>to see</u> his cousins.
   a. 만나서   b. 만나기 위해   c. 만나는 것
   d. 만나기 위한

● 해답
1. (1) to swim   (2) to read   (3) things to see
   (4) something to eat   (5) to pass
2. (1) c   (2) a

46. 어떻게 ~하다. 무엇을 ~하다 등
(how to~, what to~)

(1) Please tell me **how to** pronounce this word.
   플리즈 텔 미 하우 투 프로나운스 디스 워드
   이 단어의 발음법을 나에게 가르쳐 주세요.
(2) I didn't know **what to** say.
   아이 디든트 노우 홧 투 세이
   나는 뭐라고 말해야 좋을지 몰랐습니다.

* 「어떻게 ~하다」「무엇을 ~하다」 등을 말할 때는
  how to~, what to~ 등과같이 의문사(예를들면 how, what, when, where 등)에 부정사가 연결되어, 특별한 의미를 나타내는 것이 있습니다.

(1) **how to~** 「~의 방법」「어떻게 ~해야 할까?」
　　I want to know **how to** drive a car.
　　　(나는 자동차 운전법을 알고 싶다.)

(2) **what to~** 「무엇을 ~해야 할까?」
　　Tell me **what to** read.
　　　(무엇을 읽으면 좋을지 가르쳐 주세요.)

(3) **where to~** 「어디에서 ~해야 할까?」
　　Show me **where to** sit.
　　　(어디에 앉아야 좋을지 가르쳐 주세요.)

(4) **when to~** 「언제 ~해야 할까?」
　　I must tell him **when to** start.
　　　(나는 그에게 언제 출발하는가를 알려 주지 않으면 안 된다.)

[주] how to~, what to~ 등은 부정사의 명사적 용법의 일종이지만, how, what 등의 의문사와 연결되어 있는 관계상, 극히 한정된 동사와 함께 사용됩니다. know와 tell 등은 how to~, what to~ 등을 목적어로 취하는 대표적인 동사입니다.

───◇ 연　　습 ◇───

다음 (　) 안에, 문장을 참고하여 적당한 단어를 넣으시오.
(1) I don't know (　) (　) (　).
　　(나는 어찌하면 좋을지 모릅니다.)
(2) Please tell me (　) (　) (　) it in English.
　　(영어로 그것을 뭐라고 하는지 가르쳐 주세요.)
(3) They talked about (　) (　) (　).
　　(그들은 무엇을 해야 할지를 말하고 있었습니다.)
(4) No one knows (　) (　) (　) this box.
　　(아무도 이 상자 여는 법을 모릅니다.)

(5) He told me (　) and (　) (　) (　) it.

(그는 나에게, 언제, 어떻게 그것을 해야 할지를 말해 주었다.)

(6) Please tell me (　) (　) (　) the flowers.

(꽃을 어디에 놓아야 할지 나에게 가르쳐 주세요.)

● 해답
(1) what, to, do (2) how, to, say (3) what, to, do
(4) how, to, open (5) when, how, to, do
(6) where, to, put

47. …하는 것
[동명사]

(1) **Skiing** is a good winter sport.
스키잉 이즈 어 굳 윈터 스포츠
스키는 겨울에 좋은 스포츠입니다.
(2) They liked **fishing**.
데이 라익트 피싱
그들은 낚시를 좋아했습니다.

* 「…하는 것」을 말할 때는

「…하는 것」을 말할 때는, 동사원형에 ing 가 붙은 형을 사용합니다. 이 형태를 동명사라하고, 명사와 마찬가지로 주어·보어·목적어로 사용됩니다.

(1) 주어로서

Skating is a good winter sport.

(스케이트는 겨울에 좋은 스포츠입니다.)

(2) 보어로서
　　His work is **cleaning** the room.
　　　(그의 일은 방을 청소하는 것입니다.)
　　비교⇨ He is cleaning the room.　[현재진행형]
　　　(그는 방을 청소하고 있는 중입니다.)
(3) 목적어로서
　　I like **skiing**.　　　　　　　　[like 의 목적어]
　　　(나는 스키타기를 좋아합니다.)
　　She is good at **speaking** English.　[at 의 목적어]
　　　(그녀는 영어로 말을 잘합니다.)

─◇ 연　습 ◇─

다음 문장의 (　) 안에, 각각 밑의 [　] 로부터 적당한 것을 하나씩 골라, 그 기호를 쓰시오.

(1) I am fond of (　) tennis.
　　　　[a. play　b. playing　c. to play　d. played]
(2) My hobby is (　) stamps.
　　　　[a. collecting　b. collected　c. collect]
(3) I have no time for (　) books.
　　　　[a. to read　b. read　c. reading]
(4) He is proud of (　) a good cook.
　　　　[a. is　b. be　c. to be　d. being]
(5) Did you enjoy (　) ?
　　　　[a. ski　b. to ski　c. skiing]

● 해답
(1) b　(2) a　(3) c　(4) d　(5) c

48. …한 참이다. …한 일이 있다

[현재완료]

(1) I **have** just **written** a letter.
   아이 해브 져스트 **라이튼** 어 레터
   나는 마침 편지를 다 쓴 참입니다.

(2) I **have lost** my pen.
   아이 해브 **로스트** 마이 펜
   나는 펜을 잃어 버렸다.

(3) I **have** once **read** this book.
   아이 해브 원스 **뤠드** 디스 북
   나는 이 책을 한 번 읽은 일이 있습니다.

(4) She **has been** sick since last month.
   쉬 해즈 빈 식 신스 라스트 먼쓰
   그녀는 지난달부터 아픕니다.

* **현재완료형이란**

   현재완료=have(또는 has)+과거분사

   과거분사는 동사변화의 하나의 형태입니다. 즉, 동사변화에는, 현재, 과거, 과거분사의 세 형태가 있습니다. write 로 예를들면, write-wrote-written 으로 변화하여, written 이 과거분사입니다.

* **현재완료가 나타내는 의미는**

   (1) 완료를 나타낸다 〔예문(1)〕

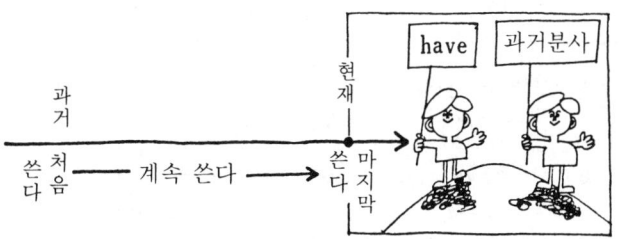

[예] I **have** just **done** my homework.
　　(나는 숙제를 마침 끝낸 참이다.)
(2) **결과를 나타낸다.** 〔예문(2)〕
　　I **have lost** my watch. (나는 시계를 잃어 버렸다.)
　[주] 이전에 시계를 잃어 버리고, 그 상태(결과)가 지금도 계속되고 있다. 아직, 시계를 찾지 못하고 있는 것이다.
　[예] He **has gone** to Pusan. (그는 부산에 가버렸다.)
　　[주] 부산에 가서 아직 돌아오지 않고 있다.
(3) **경험을 나타낸다.** 〔예문(3)〕
　　I **have climbed** Mt. Sorak before.
　　　(나는 전에 설악산에 오른 일이 있다.)
　　I **have been** to Pusan.
　　　(나는 부산에 간 적이 있다.)
주의➡ 「간 적이 있다」라고 할 때는, have (has) gone 이라고는 하지 않고, **have (has) been to…**를 사용합니다.
(4) **계속을 나타낸다.** 〔예문(4)〕
　　I **have lived** in this city for ten years.
　　　(나는 10년간 이 시에 살고 있습니다.)
　　I **have known** her well.
　　　(나는 그녀를 이전부터 잘 알고 있습니다.)
주의➡ 계속을 나타낼 때, 특히 진행형이 가능한 동사는 현재완료진행형(have (has) been –ing)의 형태를 사용하기도 합니다.
　I have been studying English for three years.
　　(나는 3년간 영어를 공부해 왔습니다.)

---

(1)　　　해브　　유　에버　빈　　투 대구　　　　예스　아이 해브
　　Have you ever **been** to Taegu ? Yes, I have.
　　대구에 간 적이 있습니까?　　　　예, 있습니다.
　　　아이　해브　낫　뤠드　더　스토리　옛
(2) I **have not read** the story yet.
　　나는 아직 그 이야기를 읽지 못했습니다.

* 현재완료의 의문형은

 주어와 have(has)를 거꾸로 하여, Have(Has)+주어+과거분사 …? 로 하면 됩니다.

(1) The train **has** arrived *already*.

 Has the train **arrived** *yet*?

 (기차는 이미 도착했습니까?)

 주의➡ 보통 already는 긍정문에, yet은 의문문에 사용되고,「완료」를 나타냅니다.

(2) I **have** been to America.

 Have you *ever* been to America?

 (당신은 미국에 간 적이 있습니까?)

 주의➡ 「경험」을 물을 때 (~한적이 있습니까?)는, Have you ever+과거분사~?를 사용합니다.

(3) **How long** has he been sick?

 He has been sick for a week.

 Where have you been?

 I have been in the garden.

* 현재완료의 부정형은

 have(has) 뒤에 not을 넣습니다. 단지, already가 사용되는 문장은, yet으로 바꿉니다. 또한「경험」의 부정(~한 적이 없습니다)일 때는 not 대신에 never가 사용됩니다.

 He has **not** finished lunch yet.

 (그는 아직 점심식사를 마치지 않았습니다.)

 비교⇨ He has already finished lunch.

 (그는 이미 점심식사를 마쳤습니다.)

 I have **never** written a letter in English.

 (나는 영어로 편지를 쓴 적이 없습니다.)

I have **never** been to England.
(나는 영국에 간 적이 없습니다.)

* 현재완료와 함께 사용되는 말을 정리하면

	완료	경험	계속
긍정문	just (바로 지금) already (이제, 이미) lately (최근)	once (전에) before (이전에) often (종종, 자주)	for (~동안) since (~이후)
부정문	yet (아직)	never (~결코 없다)	위와 같음
의문문	yet (이미)	ever (지금까지)	위와 같음

───◇ 연　습 ◇───

1. 다음 문장의 ( )안의 말을 적당한 형으로 고쳐 ──에 써 넣으시오.
   (1) He has just _____ a letter. (write)
   (2) Mother has just _____ shopping. (go)
   (3) I have never _____ a lion. (see)
   (4) It has been _____ since last night. (rain)

2. 다음 문장의 의미를 말하시오.
   (1) She has already made a doll.
   (2) He has gone to America.
   (3) I have been busy for many hours.

● 해답
1. (1) written (2) gone (3) seen (4) raining
2. (1) 그녀는 이미 인형을 만들었다.
   (2) 그는 미국에 갔다.
   (3) 몇 시간이나 나는 바빴다.

49. 귀여움 받다, 가르침을 받다

[수동태]

> 아이 엠 러브드 바이 마이 페어런쓰
> (1) I **am loved** by my parents.
>   나는 내 부모에게 사랑받고 있습니다.
> 위 워 톳드 잉글리쉬 바이 미스터 스미쓰
> (2) We **were taught** English by Mr. Smith.
>   우리는 영어를 스미스 선생에게 배웠습니다.

* 수동태 형태는
  수동태형은 「be+과거분사」입니다.

* 수동태가 나타내는 의미는
  I am loved by my parents. 라는 문장에서, I라는 주어가 love라는 행위를 **받기** 때문에, am loved는 「사랑**받다**」라고 해석되어, 수동태라고 부릅니다.

  또한, My parents **love** me. (내 양친은 나를 사랑합니다.) 라는 문장에서는, My parents라는 주어가 me에 대해, love라는 행위를 **나타내기** 때문에, love는 앞의 am loved와는 반대로 **능동태**라고 합니다.

* 능동태가 수동태로 바뀔 때는

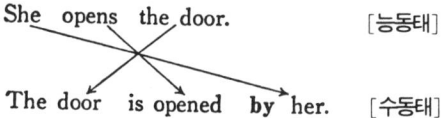

능동태 문장의 주어 She는 by her가 되고, 목적어 the door은 The door가 되어, 수동태문장에서는 주어가 됩니다. 동사 opens는 현재형이기 때문에 is opened가 됩니다.

목적어가 둘 있는 문장이 가능합니다. 다음 문장의 us(간접목적어)를 English(직접목적어)를 각각 주어로한 아래 (1), (2)의 문장을 봅시다.

> Mr. Smith taught us English.
> (스미스 선생님은 우리에게 영어를 가르쳤습니다.)
>
> **(1)** We **were taught** English by Mr. Smith.
> (우리는 영어를 스미스 선생님에게서 배웠습니다.)
>
> **(2)** English **was taught** us by Mr. Smith.

주의➡ 형태상으로는 위에서 처럼 두 형태가 가능하지만, 실제로는 (2)는 사용되는 예가 거의 없습니다. 수동태를 만들 때 주의합시다.

* 수동태의 의문문은
 주어와 「be+과거분사」중 be동사만을 거꾸로하면 의문문이 됩니다.

> The kitchen **is cleaned** by her.
> → **Is** the kitchen **cleaned** by her?

* 수동태의 부정문은
 Be동사와 과거분사 사이에 not를 넣으면 부정문이 됩니다.

> The box was made by Tom.
> (그 상자는 톰에 의해 만들어졌다.)
> → The box was **not** made by Tom.

―◇ 연 습 ◇―

다음 각각의 b문장은 a문장을 수동태 문장으로 한 것입니다. ―――
에 적당한 단어를 넣으시오.

(1) a. My parents like you.
    b. You are _____ by my parents.
(2) a. He teaches us mathematics.
    b. We are _____ mathematics by him.
(3) a. Jack put the book on the desk.
    b. The book was _____ on the desk by Jack.
(4) a. Did your sister clean the kitchen?
    b. Was the kitchen _____ by your sister?
(5) a. He didn't make this bird house.
    b. This bird house was _____ _____ by him.

● 해답
(1) liked   (2) taught   (3) put   (4) cleaned
(5) not, made

50. 태어났다, 놀랐다

(be born, be surprised)

> 아이 워즈 본 인 매이
> I **was born** in May.
> 나는 5월에 태어났다.
> 아이 워즈 서프라이즈드 앳 더 뉴스
> I **was surprised** at the news.
> 나는 그 뉴스에 놀랐다.

* 형태는 수동태지만

형태는 수동태, 즉, 「be + 과거분사」이지만, 의미는 수동태처럼 「~되었다」라고 해석되지 않는 경우도 있습니다.

예문에서는, was born은「태어났다」, was surprised는「놀랐다」라고 해석됩니다. 다른 예를 봅시다.

He is interested in science.
(그는 과학에 흥미를 갖고 있습니다.)
I was tired with my work   (나는 일로 지쳤습니다.)
She was pleased with the book.
(그녀는 그책이 마음에 들었습니다.)
The park **was crowded** yesterday.
(어제 공원은 붐볐습니다.)

위의 형태와 함께 사용되고 있는 전치사(in, with 등)을 외워 두는 것도 중요합니다.

──◇ 연   습 ◇──

다음 문장을 해석하시오.

(1) We were surprised at his report.
(2) He was pleased with the dictionary.
(3) He was interested in collecting stamps.
(4) I was tired with reading.
(5) They were very much excited.

● 해답
(1) 우리는 그의 보고를 듣고 놀랐습니다.
(2) 그는 그 사전이 마음에 들었습니다.
(3) 그는 우표수집에 흥미를 갖고 있습니다.
(4) 나는 독서로 지쳤습니다.
(5) 그들은 대단히 흥분했습니다.

51. 현재분사

룩　애　댓　슬맆핑　베이비
Look at that sleeping baby.
자고있는 저 아기를 보세요.

아이 노우 더 맨 드라이빙 더 카
I know the man driving the car.
나는 자동차를 운전하고 있는 사람을 알고 있습니다.

* **현재분사가 형용사 역할을 할 때**

going과 coming처럼, 동사+ing형을 현재분사라 합니다. 현재분사는 「be + 현재분사」로 진행형을 만듭니다.

　　The baby is sleeping. ·····················[진행형]
　　(그 아기는 자고 있습니다.)

이외에, 현재분사가 형용사 역할을 하는 경우가 있습니다.

(a) Look at that **big** baby.
　　(저 큰 아기를 보세요.)

(b) Look at that **sleeping** baby.
　　(저 잠자는 아기를 보세요.)

위의 (b)문장에서 sleeping은 역시 baby를 수식하고 있습니다. 결국, sleeping은 big과 마찬가지로 baby(명사)를 수식하는 형용사 역할을 하고 있습니다. 이처럼 현재분사는, 「~하고 있는…」라는 의미가 됩니다.

　　a singing girl　(노래 부르고 있는 소녀)
　　a running dog　(달리고 있는 개)

또한, 현재분사는, 명사 뒤에서 형용사역할을 하기도 합니다.

I know the man **driving** the car.

(나는 자동차를 운전하고 있는 사람을 알고 있습니다.)

이것은 현재분사에 다른 어구가 붙어 있을 때 사용되는 화법입니다. 이 때는 「~하고 있는…」이라고, 뒤부터 해석합니다.

[예] **a girl playing** the piano (피아노를 치고 있는 소녀)
a bird singing merrily (즐겁게 지저귀는 새)

아이 쏘우 어 도그 뤄닝
I saw a dog running.
나는 개가 달리는 것을 보았습니다.

---

* 「…이 ~하고 있는」것을 보다(듣다, 느끼다)를 나타낼 때는 이 의미를 나타낼 때, 현재분사를 사용합니다.

I saw a dog **running.** (나는 개가 달리는 것을 보았다.)

He heard some birds **singing.**
(그는 새가 지저귀는 것을 들었다.)

They felt the house **shaking.**
(그들의 집이 흔들리는 것을 느꼈다.)

이 문장의 동사 see, hear, feel 등을 지각동사라 합니다.

I saw **him** running.

주의➡ 이 문장은, 「나는 그가 달리는 것을 보았다.」가 되어, him 을 「그를」이라고 해석하지 않는 편이 좋다. 영어에서는 동사(이 문장에서는 saw) 뒤에 목적격(이 문장에서는 him)이 옵니다.

I saw **him**.　　　　　　(나는 그를 보았다.)
+)　　　He was running.　　(그는 달리고 있었다.)
───────────────────────────────
I saw **him** running.　　(나는 그가 달리는 것을 보았다.)

───◇ 연　습 ◇───

1. 밑줄친 단어를 수식하도록, (　)안의 어구를 문장 중 알맞은 곳에 넣으시오.
   (1) I know the <u>girl</u>.　　　　(dancing)
   (2) He knows the <u>girl</u>.　　　(dancing on the stage)
   (3) The <u>girl</u> is my sister　　(playing the piano)

2. 다음 문장을 해석하시오.
   (1) We saw the sun rising.
   (2) She heard the baby crying.

● 해답
1. (1) I know the dancing girl.　　(2) I know the girl dancing on the stage.　　(3) The girl playing the piano is my sister.
2. (1) 우리는 태양이 솟는 것을 보았다.
   (2) 그녀는 아기가 우는 소리를 들었다.

52.　과거분사

> 룩　앳　댓　브로큰　윈도우
> Look at that **broken** window.
> 　저 깨어진 창을 보세요.
> 히어 이즈 어 레터　라이튼　인　잉글리쉬
> Here is a letter **written** in English.
> 　여기 영어로 씌어진 편지가 있습니다.

* **과거분사가 형용사역할을 할 때**
　동사의 과거분사는, have동사와 연결되어 **현재완료**를 나타내고, be 동사와 연결되어 **수동태**를 나타냅니다.

I **have written** a letter.　　　　　　　　　[현재완료]
This letter **was written** by him.　　　　　[수동태]

과거분사는, 또한 단독으로 형용사 역할을 하는 경우가 있습니다.

(a) Look at that **big** window.

(b) Look at that **broken** window. (이 깨어진 창문을 보세요.)

broken은 break(부서지다)의 과거분사로, 위의 a, b, 두 문장을 비교해 보면 알 수 있듯이, 직접 window를 수식하는 형용사 역할을 하고 있습니다. 형용사 역할을 하는 과거분사는 「～된…」이란 의미로 됩니다.

a boiled egg　　(삶아진 달걀)
printed books　　(인쇄된 책)

과거분사는, 명사 뒤에 와서, 앞의 명사를 수식하는 일이 있습니다.

Here is a letter **written** in English. (여기에 영어로 쓰여진 편지가 있습니다.)

이 written은 write(쓰다)의 과거분사로 「영어로 쓰여진」 편지라고, letter에 걸리는 형용사 역할을 하고 있습니다. 이처럼, 문장을 해석할 때는 뒤부터 해석합니다.

―――◇ 연　　습 ◇―――

다음 문장을 해석하시오.

(1) There are lots of fallen leaves.
(2) This is the book written by his father.
(3) (a) This book was printed in England.
　　(b) This is a book printed in England.

● 해답
(1) 많은 낙엽이 있습니다.
(2) 이것은 그의 아버지가 쓴 책이다.
(3) (a) 이 책은 영국에서 인쇄되었다.
　　(b) 이것은 영국에서 인쇄된 책이다.

53. 언제나, 때때로, ……도 또한

(always, sometimes ; too, either)

> 아이 얼웨이즈 겟 업 앳 식스
> I **always** get up at six.
> 나는 언제나 6시에 일어납니다.
> 히 썸타임즈 플레이즈 더 피애노
> He **sometimes** plays the piano.
> 그는 때때로 피아노를 칩니다.

* 「언제나」「때때로」 등을 나타내는 말은
    「나는 6시에 일어납니다.」는

    I get up at six.

    이지만, 「언제나」 (always)를 첨가하면, get up 앞에 놓여

    I **always** get up at six.

    가 됩니다.

    always는 「언제나」란 의미의 부사이지만, 그 위치에 주의합시다. always는 be동사일 때는, be동사의 뒤에 옵니다.

    He is **always** happy. (그는 언제나 행복합니다.)

    always와 같은 종류의 부사에는, sometimes (때때로), often (자주), usually (항상) 등이 있습니다.

    He **usually** goes to school by bus.
        (그는 항상 버스로 학교에 갑니다.)

    I **often** swim in the river. (나는 자주 강에서 수영합니다.)

* **just와 just now의 다른 점**

    둘다 「바로 지금」이란 의미의 부사이지만, 사용법이 다릅니다. just는, 보통, 현재완료 문장에서, just now는 과거문장에서 사용됩니다.

    He *has* just *come* here.
        (그는 지금 막 여기에 왔습니다.)

He *came* here just now.

(그는 바로 지금 여기에 왔습니다.)

톰 해즈 어 캐머러   아이 해브 어 캐머러   투
Tom has a camera.   I have a camera, too.
톰은 카메라를 갖고 있습니다. 나도 카메라를 갖고 있습니다.
유 해브 노 브라더즈   케이트 해즈 노 브라더즈   이더
You have no brothers.   Kate has no brothers, either.
당신은 형제가 없습니다. 케이트도 형제가 없습니다.

* **too와 either의 다른 점**

   Tom has a camera. I have a camera, **too.**

이 문장의 too는, 「～도 또한」이란 의미지만, 「～도 또한」이라고 말할 때는, 언제나 too를 사용할 필요는 없습니다. 「～도 또한… 이 없습니다」라고 부정을 나타낼 때는, either을 사용합니다.

   My sister doesn't like dogs.   (누이는 개를 좋아하지 않습니다.)
   I don't like dogs, **either.**   (나도 개를 좋아하지 않습니다.)

* already와 yet의 다른 점

already는「이미, 벌써」라는 의미로, 보통 긍정문에 사용됩니다.

The bell has **already** rung. (벨은 이미 울렸습니다.)

yet은 의문문과 부정문에 사용되어 의문문에서는「이미, 벌써」라는 의미가 되고, 부정문에서는「아직…(아니다)」라는 의미를 나타냅니다.

Has the bell rung **yet**? (벨은 벌써 울렸습니까?)
The bell hasn't rung **yet**. (벨은 아직 울리지 않았습니다.)

아이 엠 베리 폰드 오브 잇
I am **very** fond of it.
나는 그것이 매우 좋습니다.
아이 라이크 잇 베리 마취
I like it **very much**.
나는 그것이 매우 좋습니다.

---

* very와 much의 다른 점

「아주, 매우, 대단히」라는 의미를 나타내는 부사에는 very와 much가 있습니다.

(1) 일반적으로 very는 직접 형용사와 부사를 수식하지만, 동사를 수식할 때도 있습니다. 동사를 수식할 때는 much나 very much를 사용합니다.

That rose is **very** pretty. [형용사를 수식]

(저 장미는 아주 예쁩니다.)

The dog ran **very** fast. [부사를 수식]

(그 개는 매우 빨리 달립니다.)

I like it **very much**.   [동사를 수식]

(2) 또한, 일반적으로 much와 very much는 과거분사를 수식하고 very는 -ing형의 형용사를 수식합니다.

I was **much** *surprised* at the news.
(나는 그 뉴스를 듣고 매우 놀랐습니다.)

It was a **very** *interesting* story.
(그것은 아주 재미있는 이야기였습니다.)

[주] 단, 다음 경우는 예외이므로 외웁시다.
I am **very** *tired*. (나는 매우 피곤합니다.)

(3) 형용사와 부사의 원급을 수식할 때는 very를 사용하고, 비교급을 수식할 때는 much를 사용합니다.

Jack is **very** *tall*.

Jack is **much** *taller* than I.

(잭은 나보다도 훨씬 키가 큽니다.)

She is **very** *beautiful*.

She is **much** *more beautiful* than her sister.

(그녀는 그녀의 언니보다도 훨씬 예쁩니다.)

───◇ 연　　습 ◇───

다음 문장의 (　) 안에서 바른 말을 고르시오.
(1) He arrived here (just, just now).
(2) You have a dog. I have a little dog, (too, either).
(3) My father didn't go out, and I didn't, (too, either).
(4) These flowers are (very, much) beautiful.
(5) Bill is (very, much) taller than his sister.

● 해답

(1) just now   (2) too   (3) either   (4) very
(5) much

54. in, on, at 등
[전치사]

아이 리브 앳 불광동 인 서울
I live **at** Pulkwang-dong **in** Seoul.
나는 서울 불광동에 살고 있습니다.
히 점프트 인투 더 워터
He jumped **into** the water.
그는 물 속으로 뛰어들었습니다.

* 「～안에」「～위에」 등을 나타낼 때는
  「～안에」「～위에」 등을 나타낼 때는 in, on 등을 사용합니다. 이것들을 전치사라고 합니다.

* 장소를 나타내는 전치사

  (1) **at** 과 **in**

  at과 in은, 함께 「～에」「～에서」라고 장소를 나타내지만, **at**은 비교적 좁은 장소를 나타낼 때 사용하고, **in**은 비교적 넓은 장소를 나타낼 때 사용합니다.

  I live **at** Pulkwang-dong **in** Seoul.

  불광동은 서울에 있고, 서울보다 좁기 때문에 at를 사용하지만, 불광동 만이라면

  I live **in** Pulkwang-dong.

  (나는 불광동에 살고있습니다.)
  라고도 합니다.

  at the station (역에서)
  at my uncle's (아저씨 집에서)

  (2) **in** 과 **into**

  in은「～안에」있는, 이라는 의미를 나타내고 into는「～안으로」

들어가다(가다) 등, 밖으로부터 안으로의 운동을 나타냅니다.

> There are some flowers **in** the vase.
> (꽃병안에 꽃이 있습니다.)
> He jumped **into** the water.
> (그는 물속으로 뛰어들었습니다.)

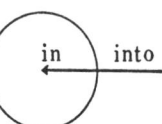

(3) on 과 over 와 above

모두 「~위에」라는 뜻이지만, on은 사물이 표면과 접촉하고 있을 때, over는 사물이 위에 있을 때, above는 위치가 보다 높을 때 사용합니다.

> There is a house **on** the hill.
> (언덕 위에 집이 있다.)
> There is a cloud **over** the hill.
> (언덕 위쪽에 구름이 있다.)
> An airplane is flying **above** the cloud.
> (비행기가 구름 위를 날고 있다.)

(4) under 와 below

모두 「~밑에, ~아래에」의 뜻이지만, **under**는 사물의 바로 밑에 있을 때, **below**는 위치가 보다 낮을 때 사용합니다.

> A man is standing **under** the tree.
> (한 남자가 나무 밑에 서 있다.)

There was a lake **below** us.
(우리들 눈 밑에 호수가 있었다.)

(5) between 과 among

「~사이에」라는 뜻으로, 보통 **between**은 두 사람, 또는 두 개의 사이를 나타내고, **among**은 세 사람, 또는 세 개 이상의 사이를 나타내는데 사용합니다.

Jane is standing **between** Tom and Jack.
(제인은 톰과 잭 사이에 서 있다.)

Birds are singing **among** the trees.
(새들이 나무 사이에서 지저귀고 있다.)

(6) before 와 behind

before은 「~앞에」, **behind**는 「~뒤에」라는 뜻으로, 위치의 앞 뒤 관계를 나타냅니다.

I sat just **before** him.
(나는 바로 그의 앞에 앉았습니다.)

She was standing **behind** him.
(그녀는 그의 뒤에 서 있습니다.)

(7) for 와 to

모두, 「~에」「~로」라는 뜻이지만, **for**는 방향, 행선지를 나타내고, 「~로 향해서」라고, start·leave 등의 동사와 함께 사용됩니다. **to**는 「~로, ~곳에」라고 도착지점과 목적지를 나타내고, go·come 등과 자주 함께 사용됩니다.

This is the train **for** Pusan.
(이것은 부산행 열차입니다.)

I went **to** Pusan last month.
(나는 지난달 부산에 갔습니다.)

아이 워즈 본   온 더 세븐쓰 오브 매이   인 나이틴피프티에잇
I was born on the 7th of May in 1958.
나는 1958년 5월 7일에 태어났습니다.
히   스테이드 데어   포   쓰리   데이즈
He stayed there for three days.
그는 거기에 3일간 머물렀습니다.

* 시간을 나타내는 전치사

  (1) **at** 과 **in** 과 **on**

  at 은 시간의 한 시점을 나타내고, 보통 시간 등을 나타낼 때 사용합니다.

  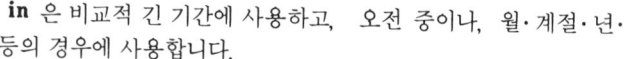

  I get up **at** six.
  We have lunch **at** noon.
  (우리는 정오에 점심을 먹습니다.)

  in 은 비교적 긴 기간에 사용하고, 오전 중이나, 월·계절·년· 등의 경우에 사용합니다.

  We have four lessons **in** the morning.
  (우리는 오전 중에 4시간 수업이 있습니다.)

  in September (9월에)
  in spring   (봄에)

  on 은 일·요일을 나타낼 때 사용합니다.

  We go to church **on** Sunday.
  (우리는 일요일에 교회에 갑니다.)

  on the 1st day of April
  (4월 1일에)

  this, that, next, last 등의 말이 붙으면, 전치사가 필요없게 됩니다.

{ I get up at six in the morning.
{ I got up at seven **this** morning.
(나는 오늘 7시에 일어났습니다.)

{ He goes to church on Sunday.
{ He didn't come **last** Sunday.
(나는 지난 일요일에는 오지 않았습니다.)

(2) **before** 와 **after**

어떤 때를 기준으로 하여, 그것보다 「앞」일때는 **before**, 「후」 일때는 **after**를 사용합니다.

Please come **before** noon. (정오 전에 와 주세요.)

We went out for a walk **after** supper.
(우리는 저녁식사 후에 산보를 합니다.)

(3) **to** 와 **past**

to는 「전」, past는 「후」를 나타냅니다.

It is five **to** ten. (10시 5분전입니다.)

It is five **past** ten. (10시 5분입니다.)

(4) **for** 와 **during**

for는 「~사이에(에 걸쳐서)」로 기간을 나타내고, **during** 은 「~동안에」로, 어느 기간 내의 일을 나타냅니다.

He stayed there **for** three days.
(그는 거기서 3일간 머물렀습니다.)

I visited my uncle **during** the vacation.
(나는 방학 중에 아저씨 댁에 갔습니다.)

(5) **in** 과 **within**

in 이 시간을 나타낼 때 사용되면, 「~지나면」이란 뜻을 나타냅니다.

He will come **in** a few days.
(그는 2,3일 지나면 돌아올 것입니다.)

within 은 「~이내에」의 뜻을 나타냅니다.

I will finish it **within** a week.
(나는 일주일 이내에 그것을 끝낼 것입니다.)

(6) **till 과 by**

till은 「~까지(계속해서)」로, 지속의 뜻을 나타내고, by는 「~까지」로, 완료의 시기를 나타냅니다.

He waited **till** five. (그는 5시까지 기다리고 있었다.)
She will come home **by** five.
(그녀는 5시까지는 돌아올 것입니다.)

(7) **since 와 from (~till)**

since는 (과거의) 어느 시기를 출발점으로 하여, 「~부터」의 의미를 나타내고, 대개 현재완료와 함께 사용됩니다.

from (~till) 은 「~부터(~까지)」로, 단순히 어떤 시기의 출발점을 나타냅니다.

He has been ill **since** last Friday.
(그는 지난 금요일부터 아픕니다.)

She works hard **from** morning **till** night.
(그녀는 아침부터 밤까지 일합니다.)

아이 고우 투 스쿨 바이 버스
I go to school **by** bus.
나는 버스로 학교에 갑니다.
더 데스크 이즈 매이드 오브 우드
The desk is made **of** wood.
책상은 나무로 만들어집니다.

---

* 여러가지 전치사

(1) **by**

by는 「~로」라고 교통수단을 나타내기도 하고, 「~에 의해서」라고 어떤 행위를 하는 사람을 나타내기도 합니다.

He went to France **by** air.
(그는 비행기로 프랑스에 갔습니다.)

This letter was written **by** Tom.
(이 편지는 톰에 의해서 씌어졌습니다.)

(2) **of**

of는 「~의」라는 의미로 널리 사용되지만, 「~로」라고 사물의 재료를 나타내는 일도 있습니다.

 the top **of** the mountain (산 정상)
 a friend **of** mine   (내 친구)
 The wall is made **of** stone. (벽은 돌로 만들어졌습니다.)

[주] 제품의 원료를 나타낼 때는 from 을 사용합니다.

 Wine is made **from** grapes. (포도주는 포도로 만듭니다.)

(3) **for**

Thank you **for** your letter. (편지 고맙습니다.)
Here is a letter **for** you. (당신에게 온 편지가 있습니다.)
I am waiting **for** Ned. (나는 네드를 기다리고 있습니다.)

(4) **with**

 I went to Masan **with** my sister.
  (나는 언니와 함께 마산에 갔습니다.)

 Write your answer **with** a pencil.
  (연필로 답을 쓰시오.)

[주] May I write **in** ink ?
  (잉크로 써도 좋습니까?)

---

(1) There is a car **in front of** the house.
  데어 이즈 어 카 인 후론트 오브 더 하우스
 그 집 앞에 자동차가 있다.
(2) I **am fond of** tennis.
  아이 엠 폰드 오브 테니스
 나는 테니스를 좋아합니다.

---

* 전치사를 이용한 여러 가지 화법

(1) **in front of**

장소로, 「~앞에」라는 뜻으로 사용됩니다.

There is a car **in front of** the house.
(그 집 앞에 자동차가 있습니다.)

(2) **out of**

「~부터」라는 뜻으로, 안에서 부터 밖으로의 동작을 나타내며, into의 반대어입니다.

He ran **out of** the house
(그는 집안에서부터 달려나왔다.)

(3) **on account of**

「~때문에」라고 원인을 나타냅니다.

I couldn't go out **on account of** illness.
(그는 병 때문에 외출할 수가 없었다.)

(4) **be fond of**

「~을 좋아하다」라는 뜻으로, like와 같은 뜻입니다.

I **am fond of** tennis. = I **like** tennis.

이와같은 화법에는, 다음과 같은 것이 있습니다.

be good at~	(~을 잘하다)
be tired of~	(~에 싫증나다)
be tired with~	(~으로 피곤하다)
be surprised at~	(~에 놀라다)

(5) **look for**

「~을 찾다」라는 뜻으로, 다음과 같이 사용됩니다.

I am **looking for** my watch.
(나는 시계를 찾고 있습니다)

이처럼 전치사가 동사와 연결되어 있는 예는 다음과 같은 것이 있습니다.

listen to~	(~을 듣다)
speak to~	(~에게 말을 걸다)
wait for~	(~를 기다리다)

hear of~ (~소문을 듣다)
run after~ (~을 추격하다)

─◇ 연　　습 ◇─

1. 다음 각 문장의 (　　)안에서 알맞은 말을 하나씩 고르시오.
   (1) Yesterday I met Jane (at, in, on) the station.
   (2) The boys went (in, into, on) the forest.
   (3) We reached there (at, on, in) the evening.
   (4) My father will come back (in, for, past) a week.

2. 다음 각 문장의 ──── 에, 적당한 전치사를 넣으시오.
   (1) It has been fine _____ last Sunday.
   (2) Jack is fond _____ swimming.
   (3) I stayed in Washington _____ three days.
   (4) Listen _____ me carefully.

● 해답
1. (1) at   (2) into   (3) in   (4) in
2. (1) since (2) of   (3) for   (4) to

55. 책상 위의 책 등

[형용사구]

```
    더     북    온    더    데스크   이즈   마인
    The  book  on   the   desk    is   mine.
           책상 위의 책은 내 것입니다.
```

* 「책상 위의 책」

「책상 위의 책」은 the book on the desk 입니다. 영어와 국어와는 「책상 위의」와 「책」과의 위치가 완전히 바뀌어졌습니다. 국어 어순으로 혼란되어, the desk on the book. 이라고 해서는 안 됩니다.

the book **on the desk**

[예] The roses **in the garden** are very beautiful.

(뜰에 장미가 매우 아름답습니다.)

The girl **at the window** is my sister.

(창 있는 곳에 있는 소녀는 내 여동생입니다.)

Will you please show me the way **to the station?**

(역으로 가는 길을 가르쳐 주십시오.)

It is a story **about a little squirrel.**

(그것은 작은 다람쥐에 대한 이야기입니다.)

비교⇨ (a) The *book* **on the desk** is mine. [형용사구]

(책상 위의 책은 내 것입니다.)

(b) He *put* the book **on the desk**. [부사구]

(그는 책을 책상 위에 놓았다.)

(b) 문장의 on the desk가 수식하고 있는 것은 명사 book이 아니라, 동사 put입니다. 결국, 부사 역할을 하고 있습니다. 이와같이, 같은 어구라도 그 위치에 따라서 역할이 달라집니다.

───◇ 연 습 ◇───

다음 문장의 밑줄 친 어구가 수식하는 말을 말하시오.

(1) There is a picture on the wall.
(2) Tom is a student of this school.
(3) The boys in the room are all my friends.
(4) I went to the park yesterday.
(5) This is the shortest way to his house.
(6) I'll give you the apple in the box.
(7) My uncle lives in Washington.

● 해답
(1) is   (2) student   (3) boys   (4) went
(5) way   (6) apple   (7) lives

56. and, or 등
[등위접속사]

> 제인 앤드 앨리스 아 굳 후렌즈
> (1) Jane **and** Alice are good friends.
> 제인과 앨리스는 좋은 친구입니다.
> 이즈 디스 어 데스크 오아 어 테이블
> (2) Is this a desk **or** a table?
> 이것은 책상입니까? 테이블입니까?

* and 와 or

and 와 or 은, 문장과 문장을 연결하는 역할을 합니다. 이 같은 역할을 하는 말을 **접속사**라고 합니다. 예문 (1)(2)는 모두 단어와 단어를 연결하고 있습니다.

　　Is the cat on the chair **or** under the chair?　[구와 구]
　　(고양이는 의자 위에 있습니까? 의자 밑에 있습니까?)
　　I bought a mitt **and** he bought a glove.　[문과 문]
　　(나는 야구 미트를 사고, 그는 글러브를 샀습니다.)

　　| on the chair | or | under the chair |　[구와 구]

　　| I bought a mitt | and | he bought a glove |　[문과 문]

and 와 or 이외에도, 다음과 같은 접속사가 있습니다.

　　Tom went to see her, **but** she was not at home.
　　(톰은 그녀를 만나러 갔지만, 그녀는 집에 없었다.)

but (그러나)은, 앞에서 말한 것과 반대되는 말을 할 경우에 사용합니다.

[주] 접속사 and, or, but 은 단어와 단어, 구와 구, 문장과 문장처럼 대등한 것을 연결하기 때문에, 등위접속사라고합니다. 연결되는 한 쪽은 단어이고, 다른 한 쪽은 문장이라든지, 반대로 한 쪽이 문장이고, 다른 쪽이 구가되는 예는 없습니다.

* **명령문 뒤의 and 와 or**

  명령문 뒤에 and 와 or 가 올 때, 특별한 뜻을 나타냅니다.

  Hurry up, **and** you will be in time.
  (서둘러라. 그러면 시간에 맞을 것이다.)

  Hurry up, **or** you will not be in time.
  (서둘러라. 그렇지않으면 시간에 늦을 것이다.)

  명령문+and, 명령문+or 문장은, 접속사 if를 사용하여 다음과 같이 바꿔 쓸 수 있습니다.

  Come here, **and** you will see better.
  (여기로 오세요. 그러면 더욱 잘 보일 것입니다.)

  → If you come here, you will see better.
  (여기로 오면, 더욱 잘 보일 것입니다.)

  Make haste, **or** you will miss the train.
  (서두르시오. 그렇지 않으면 기차를 놓칠 것입니다.)

  → If you don't make haste, you will miss the train.
  (서두르지 않으면, 기차를 놓칠 것입니다.)

  다음의 「명령문+and+명령문」형태에 주의합시다.

  Stand up, **and** go to the door.
  (일어서시오. 그리고 문 있는 곳으로 가시오.)

  Run, **and** help him.
  (뛰어가시오. 그래서 그를 도우시오.)

  명령문 뒤에 and 가 있어도, 그 뒤에 다른 명령문이 오면, 이 and 는 보통 「그래서」라고 해석됩니다.

───◇ 연　　습 ◇───

다음 문장의 (　) 안에 적당한 말을 고르시오.
(1) He is a slow walker, (or, and, but) he never stops.
(2) He said "Good night" to his parents, (or, and, but) went to his bedroom.
(3) She washed her socks (and, or, but) handkerchiefs yesterday.
(4) Which do you like better, apples (but, or, and) pears?

● 해답
(1) but　(2) and　(3) and　(4) or

57. when, that 등
[종속접속사]

(1) **When** Jack heard the news, he was happy.
　　웬　　잭　허드　더　뉴스　히　워즈　해피
　　잭은 그 뉴스를 들었을 때, 행복했다.
(2) I hope **that** it will be fine tomorrow.
　　아이 호프　댓　잇　윌　비　화인　투모로우
　　내일 날씨가 좋아지길 바란다.

* 「…의 때」「…라는 것」을 표현할 때

「…때」「…라는 것」을 나타낼 때는, when (…때), that (～라는 것)을 사용합니다. 이 when, that 은 문장을 연결하는 역할을 하고 있기 때문에 접속사입니다.

and 와 but 은, 대등한 것을 연결하고 있지만, when 과 that 경우에는 연결되는 것이 대등하지 않고, 한 편이「주」가 되고 다른 편이「종」이 됩니다. 예문에서는 he was happy 가「주」이고, When Jack heard the news. 는「주」문장에 대해, 일종의 조건을 나타내고 있어, 이것만으로는 독립된 문장이 될 수 없습니다. 즉,「종」의 관계에 있는 문장입니다.

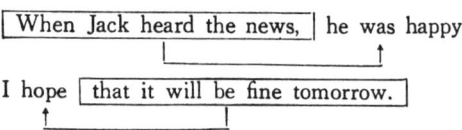

and, but 등을 **등위접속사**라고 하는 것에 대해, when, that 등을 **종속접속사**라고 합니다.

다음 문장의 when, that 의 사용법을 비교해 봅시다.

비교⇨
- **When** did you call on me ? [의문사]
  (당신은 언제 나를 방문하러 왔습니까?)
- **When** you called on me, I was reading a book. [접속사]
  (당신이 방문하러 왔을 때, 나는 책을 읽고 있었습니다.)

[주] when 이 의문문의 경우에는, 다음에 did you…? 처럼, 의문문형이 오지만, 접속사 경우는 you called … 처럼, 보통문이 옵니다.

다음 세 개의 that 도 전부 다른 뜻을 나타내고 있습니다.

비교⇨
- **That** is a boy. [대명사]
  (저것은 소년입니다.)
- **That** boy is my brother. [형용사]
  (저 소년은 내 동생입니다.)
- I know **that** he is an honest boy. [접속사]
  (그가 정직한 소년임을 나는 알고 있습니다.)

* **when, that 이외의 종속접속사**

종속접속사에는 when, that 이외에도 여러가지가 있습니다.

He came **after** you went out.
(당신이 나간 후에 그가 왔습니다.)

As I have no money with me, I cannot buy the book.
(나는 돈이 없기 때문에 그 책을 살 수 없습니다.)

She went home **because** she had to help her mother.
(그녀는 그녀의 어머니를 도와야 하기 때문에 집에 돌아왔다.)

It began to rain **before** I got home.
(내가 집에 도착하기 전에 비가 내리기 시작했다.)

You may come with me **if** you like.
(당신이 좋다면 나와 함께 가도 좋습니다.)

I can run faster **than** he
(나는 그보다 빨리 달립니다.)

Though it was cold, he did not light the fire.
(춥지만 그는 불을 피우지 않았다.)

Walk on **till** you come to a bridge.
(다리가 나올 때까지 걸어가시오.)

I have heard nothing from him **since** he left.
(그가 떠난 후, 그로부터 아무것도 듣지 못했다.)

[주] when, as, because 같은 접속사는, 반드시 문장 처음에 오지 않으면 안 된다는 규칙은 없습니다.

——◇ 연　습 ◇——

다음 각각 두 개의 문장을, (　) 안의 접속사를 사용하여 하나의 문장으로 만드시오.

(1) { He goes to bed.　　　　　　　　(before)
　　　He cleans his teeth.
(2) { Many flowers will come out.　　(when)
　　　Spring comes.

(3) { Mary is kind.   (as)
     { Everybody likes her.

(4) { You speak fast.   (if)
     { I can't understand you.

(5) { We played football.   (after)
     { School was over.

(6) { He couldn't sleep last night.   (because)
     { He had a cup of strong coffee.

● 해답

(1) He cleans his teeth before he goes to bed.
(2) When spring comes, many flowers will come out.
    또는 Many flowers will come out when spring comes.
(3) As Mary is kind, everybody likes her.
(4) If you speak fast, I can't understand you.
    또는 I can't understand you if you speak fast.
(5) We played football after school was over.
    또는 After school was over, we played football.
(6) He couldn't sleep last night because he had a cup of strong coffee.
    또는 Because he had a cup of strong coffee, he couldn't sleep last night.

58. …만큼, …처럼, …같이
[상관접속사]

아이 엠 애즈 톨 애즈 히
I am as tall as he.
나는 그만큼 키가 크다.

* 「…만큼~」를 나타낼 때

예문처럼, as~as…를 사용하여 「…만큼~」을 표현합니다. as~as 를 정리해 접속사라고 생각해도 좋습니다. 이 종류의 접속사를 **상관접속사**라고 합니다. as~as 의 ~에는 tall(키 큰)과 같은 형용사뿐 아니라, 다음 예처럼 부사도 넣을 수 있습니다.

> I get up **as** early **as** my mother.
> (나는 어머니처럼 일찍 일어납니다.)
>
> He can run **as** fast **as** you.
> (그는 당신처럼 빨리 달릴 수 있습니다.)

* as~as… 의 부정형

as~as 의 부정형에는 다음의 두 가지가 있습니다.

(1) Bob is *not* **as** tall **as** Bill.
(보브는 빌만큼 크지 않다.)

(2) Bob is *not* **so** tall **as** Bill.
(보브는 빌만큼 크지 않다.)

(1) 문장은, 「보브와 빌은 키가 같지 않다」는 말입니다. 보브가 빌보다 클지도 모르지만, 작을지도 모릅니다.

(2) 문장에서는, 보브는 빌보다 훨씬 키가 작다는 것을 나타내고 있습니다. 수식으로 나타내면 다음과 같습니다.

(1) Bob ≠ Bill 즉, Bob ≧ Bill
(2) Bob < Bill

───◇ 연 습 ◇───

1. 다음 ( )의 알맞은 말을 고르시오.
   (1) I am (as, so) happy as you.
   (2) He cannot play the piano so well (as, so) she.
   (3) Is your dog (as, so) big as mine?
   (4) My bicycle is not so new (as, so) yours.

2. 예와같이 되도록, 다음 문장을 고쳐쓰시오.
   [예] Washington is not so large as New York.
   ⇄ New York is larger than Washington.

   (1) Mr. Smith is not so old as my father.

168 /제1부. 영어의 구조

(2) I cannot play pingpong so well as he.
(3) Your sister is younger than Kate.
(4) Ted ran faster than Frank.

● 해답
1. (1) as (2) as (3) as (4) **as**
2. (1) My father is older than Mr. Smith.
   (2) He can play pingpong better than I.
   (3) Kate is not so young as your sister.
   (4) Frank didn't run so fast as Ted.

59. 가능한 한~
(as~as…can)

유 머스트 스터디 애즈 하드 애즈 유 캔
You must study **as** hard **as** you **can.**
여러분은 가능한 한 열심히 공부하지 않으면 안 됩니다.

* 「가능한 한~」을 나타낼 때

「가능한 한~」을 나타낼 때는, as~as…can 의 형태를 사용합니다. 이 형태는 as~as 와 비슷하지만, 뒤에 can 이 붙는 점이 다릅니다.

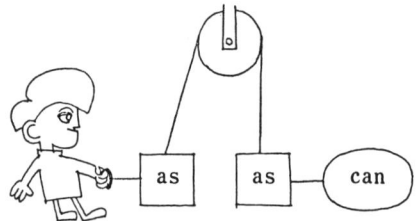

비교⇨ (1) *Tom* ran **as** fast **as** *he* **could**.
(톰은 가능한 한 빨리 달렸다.)

(2) *Tom* ran **as** fast **as** *Bill* (did).
　　(톰은 빌만큼 빨리 달렸다.)

(1) 문장에서 he는 Tom을 가리키고 있습니다. as~as…can 의 형태에서는, as 뒤에 오는 문장의 주어(he)는, 문장 전체의 주어 (Tom)과 같은 사람을 가리켜야만 합니다.

「가능한 한~」은 **possible**(가능한)이라는 말을 can 대신에 사용해 나타낼 수도 있습니다. 그 때는 as 뒤에 주어는 사용하지 않습니다. 위의 예를 바꾸어 쓰면 다음과 같이 됩니다.

　　Tom ran **as** fast **as** possible.

진행형의 경우도 같습니다.

{ Sam is running **as** fast **as** he **can**.
{ Sam is running **as** fast **as** **possible**.

　　(샘은 전력을 다해 뛰고 있습니다.)

주의➡ as~as…can 형태의 문장이 과거형이 되면, as~as…could 가 되며, 「가능한 한~」이라고 해석합니다.

　　Mr. Black wrote **as** carefully **as** he **could**.

　　(블랙 씨는 가능한 한 주의해서 편지를 썼습니다.)

possible을 사용한 경우에는, can이 could로 되는 변화는 일어나지 않습니다.

{ Mr. Black *writes* **as** carefully **as possible**.
{ 　(블랙 씨는 가능한 한 주의 깊게 쓴다.)
{ Mr. Black *wrote* **as** carefully **as possible**.
{ 　(블랙 씨는 가능한 한 주의 깊게 썼다.)

───◇ 연　　습 ◇───

예와같이 되도록, 다음 문장을 「가능한 한~」의 문장형태로 고치시오.
[예] He walked very fast.

→ { He walked as fast as he could.
　　{ He walked as fast as possible.

(1) Miss Jones speaks very slowly.
(2) Peter and Frank are studying very hard.
(3) The dog jumped very high.
(4) The children got up very early.
(5) They swam very fast.

● 해답
(1) Miss Jones speaks as slowly as she can. Miss Jones speaks as slowly as possible.
(2) Peter and Frank are studying as hard as they can. Peter and Frank are studying as hard as possible.
(3) The dog jumped as high as it could. The dog jumped as high as possible.
(4) The children got up as early as they could. The children got up as early as possible.
(5) They swam as fast as they could. They swam as fast as possible

60. 형용사의 위치와 어순

(1) This is a **beautiful** flower.
   디스 이즈 어 뷰티풀 플라워
   이것은 아름다운 꽃입니다.
(2) Look at that **large white** flower.
   룩 앳 댓 라쥐 화이트 플라워
   저 큰 하얀 꽃을 보세요.

* 형용사＋명사의 순서가 보통
   국어와 마찬가지로, 형용사가 명사 앞에 오는것이 보통입니다.

   a small cat   (작은 고양이)
   an easy book (쉬운 책)

형용사가 2개 이상인 경우는, 그 순서는 다음과 같이 법칙이 있습니다.

(1)
- three big dogs
  (세 마리의 큰 개)
- four easy books
  (4권의 쉬운 책)

[수-성질]

(2)
- a young American lady (젊은 미국 부인)
- a big Korean boy (큰 한국 소년)

[성질-국적]

(3)
- a kind old woman (친절한 할머니)
- a brave young man (용감한 젊은이)

[성질-성질(노약)]

아이 원트 썸싱 핫
I want *something* **hot.**
나는 무언가 뜨거운 것을 원합니다.
이즈 데어 애니싱 인터레스팅
Is there *anything* **interesting**?
무언가 재미있는 일이 있습니까?

---

* 형용사가 명사 뒤에 올 때가 있다

something, anything, nothing 등의 대명사에는, 형용사가 뒤에 옵니다.

There is *nothing* **important** in it.
(거기에는 중요한 것은 아무것도 없습니다.)

───◇ 연 습 ◇───

I. 다음 말을 바르게 나열하여, 국어와 같은 뜻이 되도록 하시오.
(1) 커다란 하얀 개   a white dog big
(2) 친절한 미국 부인   a kind woman American

(3) 세 명의 정직한 소년   boys honest three
(4) 두 마리의 커다란 검은 고양이 black two cats big

2. (   )안의 말을, 문장 안의 알맞은 위치에 넣으시오.
   (1) I have pretty dolls. (two)
   (2) Do you want anything? (cold)
   (3) I have nothing in my bag. (important)
   (4) Do you know that American boy? (tall)

● 해답
1. (1) a big white dog   (2) a kind American woman
   (3) three honest boys   (4) two big black cats
2. (1) two pretty   (2) anything cold
   (3) nothing important   (4) that tall

61. 부사의 위치

> 디스　홀라워　이즈　베리　뷰티풀
> (1) This flower is **very** *beautiful*.
>   이 꽃은 매우 아름답다.
> 히　캔　스키　웰
> (2) He can *ski* **well**.
>   그는 스키를 잘 탈 수 있다.

* 부사의 위치

부사가 형용사를 수식할때는, 「부사 — 형용사」순서가 됩니다. very 는 다른 부사도 수식합니다.

　　　　He got up **very** *early*.   (그는 매우 일찍 일어납니다.)

동사를 수식하는 부사는, 「동사 — 부사」「동사 — 목적어 — 부사」의 순서로 됩니다.

He can *run* **fast**.
(그는 빨리 달린다.)
I *know* him **well**.
(나는 그를 잘 알고 있다.)
Do it **carefully**.
(조심하세요.)

> 쉬 웬트 투 어 콘서트 위드 빌 라스트 나이트
> She went **to a concert** *with Bill* **last night**.
> 그녀는 어젯밤 빌과 음악회에 갔습니다.

* 부사가 둘 이상 사용될 때의 순서

부사에는, 장소를 나타내는 부사·방법을 나타내는 부사·시간을 나타내는 부사 등이 있지만, 이들 부사가 둘 이상 동시에 사용되는 경우가 있습니다. 그 때는 「장소」-「방법」-「시간」의 순서로 됩니다. to a concert - with Bill - last night가 그 순서대로 되어 있습니다.

「그는 어제 집에서 우리와 저녁식사를 함께 했습니다.」라는 문장을 영어로 고치면,

He ate dinner <u>at home</u> <u>with us</u> <u>yesterday.</u>

가 됩니다. 이 순서를 외워 두면, 문장을 잘 만들 수 있습니다. 이 셋 중에 어느 것 하나가 빠질 때는 그 말만을 빼면 됩니다.

◇ 연 습 ◇

1. 다음 말의 순서를 바꾸어 나열하여 바른 문장을 만드시오.
   (1) He while yesterday for was a there .
   (2) very know her I well .
   (3) party we yesterday gave a the present him at .
   (4) come bus do school by you to ?
2. 다음 문장의 적당한 자리에, (   ) 안의 말을 넣으시오.
   (1) I wrote the word in the notebook.   (carefully)
   (2) He speaks English in this room.   (never)
   (3) They are happy.   (always)

● 해답
1. (1) He was there for a while yesterday.
   (2) I know her very well.
   (3) We gave him a present at the party yesterday.
   (4) Do you come to school by bus ?
2. (1) notebook carefully   (2) never speaks   (3) are always

62. 어디에 있는가? 등
(where he is 등)

(1) **Where is he ?**
   웨어 이즈 히
   그는 어디에 있습니까?

(2) I don't know **where he is.**
   아이 돈트 노우 웨어 히 이즈
   그가 어디에 있는지 모릅니다.

* 의문문과 명사절

의문사가 있는 의문문은, 의문사(what, where 등)가 문장 앞에 옵니다. 그래서, 주어와 동사는 보통 의문문의 규칙에 따라서 어순을 바꿉니다.

62. 어디에 있는가? 등 / 175

Where is he?　　(그는 어디에 있습니까?)
What do you want? (당신은 무엇을 원합니까?)

[주] (누가 그렇게 말했습니까?)처럼 의문사가 주어가 되는 경우에는, **주어 - 동사**의 순서가 됩니다.

그런데, 이 의문문이 「그는 어디에 있습니까?」, 또는 「당신은 무엇을 원합니까?」라는 말처럼, 문장의 한 부분의 역할을 할 때가 있습니다. 그 때는 명사 역할을 하고 있기 때문에, 그것을 **명사절**이라 합니다. 그 경우에는 **주어 - 동사**의 순서가 되어, 의문형 순서와는 다릅니다.

이 경우에, be동사는 어순을 바꾸는 것만으로 좋지만, 일반동사인 경우는, 동사형의 변화에 주의하지 않으면 안 됩니다.

Where is he? → where he is
What does he say? → what he says
Where do you live? → where you live

[예]　Do you know **what he says**?
　　　(그가 무엇을 말하는지 알고 있습니까?)

I want to know **where you live**.
(나는 당신이 어디에 살고 있는지 알고 싶습니다.)
I don't know **who he is**.
(그가 누구인지 나는 모릅니다.)
Do you know when he will start?
(당신은 그가 언제 출발하는지 알고 있습니까?)

───◇ 연 습 ◇───

1. 다음 의문문 앞에 I don't know를 붙여, 새로운 문장을 만드시오.

   (1) Where was he born?
   (2) When will they come back?
   (3) Where did he buy it?
   (4) Who drew the picture?
   (5) What should I do?

2. 다음 밑줄 친 부분을 의문문으로 고치시오.
   (1) We know where he went yesterday.
   (2) Do you know when he came home?
   (3) Does anyone know what she likes best?

● 해답
1. (1) I don't know where he was born.
   (2) I don't know when they will come back.
   (3) I don't know where he bought it.
   (4) I don't know who drew the picture.
   (5) I don't know what I should do.
2. (1) Where did he go yesterday?
   (2) When did he come home?
   (3) What does she like best?

63. ···인 사람(사물)

[관계대명사]

(1) This is the book **that** tells about animals.
    디스 이즈 더 북 댓 텔즈 어바웃 애니멀즈
    이것은 동물에 대해 씌어진 책입니다.

(2) The picture **which** he painted is very beautiful.
    더 픽츄어 휘치 히 페인티드 이즈 베리 뷰티풀
    그가 그린 그림은 대단히 아름답습니다.

* **명사의 수식방법**

  형용사가 명사를 수식할 때의 어순 중 다음의 둘은 이미 공부했습니다.

  (1) 형용사 - 명사   a big dog (큰 개)
  (2) 명사 - 형용사구   the book on the desk (책상 위의 책)

  그런데,「동물에 대해 씌어진 책」으로 되면, 다른 화법을 사용해야만 합니다. 그 때는

  the book **that** tells about animals

  이란 형태를 사용합니다. 이 that은「···인」이란 뜻으로,「그것은」이란 뜻은 없습니다.

  마찬가지로,「그가 그린 그림」이라고 말할 때는,

  the picture **which** he painted

  이란 형태를 사용합니다. 이 which는 that과 같은 역할을 하고 있습니다.

이처럼, that·which는 연결하는 역할(접속사)과 the book을 나타내는 역할(대명사)을 겸하고 있기 때문에, **관계대명사**라고 부릅니다.

I want to see *the picture* **that** he painted.
(나는 그가 그린 그림이 보고 싶다.)

The pen **which** I am using is very good.
(내가 사용하는 펜은 매우 좋다.)

[주] 관계대명사가 이끄는 절이 수식하고 있는 명사(대명사)를 선행사라고 부릅니다. 위의 예에서는 picture, pen이 선행사입니다.

───────────────────────────────
아이 원트 어 보이 후 캔 스윔 웰
(1) I want a boy **who** can swim well.
　　나는 수영을 잘 할 수 있는 소년을 원합니다.
히 해즈 어 캐머러 휘치 이즈 베터 덴 마인
(2) He has a camera **which** is better than mine.
　　그는 나보다 좋은 카메라를 갖고 있읍니다.
───────────────────────────────

* 관계대명사가 주격일 때

「잘 수영할 수 있다」는 can swim well이지만, 이것을 a boy뒤에 연결하면, a boy can swim well이 되어 이것은, 「소년은 잘 수영할 수 있다」라는 말이 되고 맙니다. 때문에, 「잘 수영할 수 있는 소년」이라고 하는 경우에는, can 앞에 who를 넣어, a boy who can swim well이라 합니다. 관계대명사가 can swim의 주어가 될 때는 주격(who)의 관계대명사를 사용합니다.

a boy **who** can speak English well
(영어를 잘 말할 수 있는 소년)

선행사가 「사람」이 아니고, 「사물」인 경우에는, 관계대명사는 which 또는, that을 사용합니다.

a country **which** is larger than Korea.
(한국보다도 큰 나라)

선행사로 first, second 또는, 형용사의 최상급(best, highest등)

일 때는, which보다도, that이 많이 사용됩니다.

>   the *first* camera **that** was made in Korea
>   (한국에서 만들어진 최초의 카메라)

이런 화법을 문장 안에서 사용하면, 다음과 같이 됩니다.

>   Young-Soo is a boy **who** can speak English well.
>   (영수는 영어를 잘 말할 수 있는 소년입니다.)
>   Mexico is a country **which** is larger than Korea.
>   (멕시코는 한국보다 큰 나라입니다.)

아이 노우 언 어메리컨 후즈 와이프 이즈 어 코리언
(1) I know an American **whose** wife is a Korean.
나는 아내가 한국인인 미국인을 알고 있습니다.
더 하우스 후즈 루프 유 씨 오버 데어
(2) The house **whose** roof you see over there
이즈 마이 엉클즈 하우스
is my uncle's house.
저기에 지붕이 보이는 집이 내 아저씨 집입니다.

---

* 관계대명사가 소유격일 때

I know an American. (나는 미국인을 알고 있습니다.), His wife is a Korean. (그의 아내는 한국인입니다.) 라는 두 개의 문장을 하나의 문장으로 할 때는, His wife의 his를 관계대명사로 하여 연결합니다. His는 소유격이므로, 관계대명사도 소유격 whose를 사용합니다.

선행사가 「사물」인 경우도 whose를 사용합니다. 이것은, which와 that에는 소유격이 없기 때문입니다. 그러나, 이 형태는 별로 사용되지 않고, The house the roof of which you see … 처럼 말하는 것이 보통입니다.

>   He is a student **whose** father is in England.
>   (그는 아버지가 영국에 있는 학생입니다.)

> 톰   이즈 어   스튜던트   훔   마이 화더   노우즈
> (1) Tom is a student **whom** my father knows
> 베리 웰
> very well.
> 톰은 내 아버지가 매우 잘 알고 있는 학생입니다.
> 디스 이즈 더   워치   휘치   마이 엉클 게브 미
> (2) This is the watch **which** my uncle gave me.
> 이것은 아저씨가 내게 준 시계입니다.

* **관계대명사가 목적격일 때**

student(학생)가 어떤 학생인가 하면, "my father knows **him** very well"(아버지가 그를 잘 알고 있는) 학생입니다. 이처럼 student 가 my father 이하의 문장 중에서 목적격(him)인 관계에 있을 때, 관계대명사는 목적격(whom)이 됩니다.

whom은 선행사가 「사람」인 경우, 「사물」인 경우에는 which, that 을 사용합니다. the watch **which** my uncle gave me의 which도 목적격 입니다. which, that은 주격과 목적격이 같습니다.

> 디스 이즈 더   스토리 (댓) 아이 원트 투 텔   유
> This is the story (**that**) I want to tell you.
> 이것이 내가 당신에게 말하고 싶은 이야기입니다.

* **관계대명사가 생략 되었을 때**

이 문장의 "that"은 which를 사용해도 같습니다. 이 that, which 는 목적격 입니다. 그 경우에는, 관계대명사를 생략하는 경우가 많습니다. 위의 목적격이 사용되고 있는 예문도, 다음과 같이 말해도 좋습니다.

(1) Tom is a student my father knows very well.
(2) This is the watch my uncle gave me.

반대로, 이와 같은 문장을 보면, 어디에 관계대명사가 생략되어 있

는가를 아는 일이 중요합니다. 그 장소를 아는 방법은 문장 도중에 있는「주격단어」(my father, my uncle)을 찾는 것으로, 그 단어 앞에 관계대명사를 넣을 수 있습니다. 다음 문장에 대해 생각해 봅시다.

English is the subject I like best.
(영어는 내가 가장 좋아하는 학과입니다.)

이 문장 도중에「주격단어」를 말하면 I 입니다. 때문에 그 앞에 which나 that이 생략돼 있다고 생각할 수 있습니다.

English is the subject **which** I like best.

라고 말해도 좋습니다.

──◇ 연 습 ◇──

1. 다음 문장의 ( ) 안에 알맞은 관계대명사를 넣으시오.
   (1) I know the man (   ) showed you the way.
   (2) He has the first stamp (   ) was printed in Korea.
   (3) Please show me the book (   ) you bought yesterday.
   (4) I have some friends (   ) fathers are doctors.
   (5) He has two friends (   ) are doctors.

2. 다음 두 문장을, 국어와 같은 뜻을 나타내는 하나의 문장으로 고쳐 쓰시오.

   (1) { He is a boy.
         Everybody likes him.
         (그는 모든 사람이 좋아하는 소년입니다.)

   (2) { This is the city.
         I visited the city two years ago.
         (이것은 내가 2년 전에 방문했던 도시입니다.)

   (3) { We met a boy at the station.
         The boy was blind.
         (우리들이 역에서 만난 소년은 맹인이었습니다.)

● 해답
1. (1) who 또는 that (2) that (3) which 또는 that
   (4) whose (5) who 또는 that
2. (1) He is a boy (whom) everybody likes.
   (2) This is the city which I visited two years ago.
   (3) The boy (whom) we met at the station was blind.

64. …인 장소(시간) 등
[관계부사]

(1) I want to visit the village **where** he was born.
   나는 그가 태어난 마을을 방문하고 싶다.
(2) July 15 is the day **when** my house was built.
   7월 15일은 우리집이 세워진 날이다.

* 관계대명사와 관계부사의 다른 점

{ This is **the house**. (이것이 그 집입니다.)
{ He was born **there**. (그는 거기서 태어났습니다.)

이 두 개의 문장을 연결할 때는 there 을 where 로 바꾸어,

This is the house **where** he was born.

(이것이 그가 태어난 집입니다.)

라고 하면 됩니다.

이 where가 하는 역할이 부사와 관계사를 겸하고 있기 때문에, 관계부사라고 부릅니다.

관계부사는, 선행사의 종류에 따라, 다음과 같은 종류가 있습니다.

장소 : **where**

Is this the *hotel* **where** you are staying?
(이것이 당신이 머물고 있는 호텔입니까?)

시간: **when**

I was born in the *year* **when** the war began.
(나는 전쟁이 시작한 해에 태어났습니다.)

───◇ 연　습 ◇───

1. 다음 문장의 (　) 안에 적당한 관계부사를 넣으시오.
    (1) I want to go to a country (　) Spanish is spoken.
    (2) Winter is the season (　) people enjoy skiing and skating.
    (3) Do you remember the day (　) we met for the first time?
    (4) Is this the place (　) this picture was taken?

2. 다음 두 개의 문장을, 관계부사를 사용하여 하나의 문장으로 하시오.
    (1) { I went to the town.
          My parents lived there.
        (나는 부모가 살고 있는 시내에 갔습니다.)
    (2) { Do you know the day?
          He was born on the day.
        (그가 태어난 날을 알고 있습니까?)
    (3) { June is the month.
          We have much rain in the month.
        (6월은 비가 많은 달입니다.)
    (4) { This is the place.
          I lost my camera there.
        (여기가 내가 카메라를 잃어 버린 곳입니다.)

● 해답
1. (1) where (2) when (3) when (4) where
2. (1) I went to the town where my parents lived.
   (2) Do you know the day when he was born?
   (3) June is the month when we have much rain.
   (4) This is the place where I lost my camera.

65. …하는 것은 ~다
(It~to…)

(1) **It** is difficult **to answer** this question.
    잇 이즈 디프컬트 투 앤서 디스 퀘스쳔
    이 질문에 대답하는 것은 어렵다.

(2) **It** is difficult **for** me **to answer** this question.
    잇 이즈 디프컬트 포 미 투 앤서 디스 퀘스쳔
    내가 이 질문에 대답하는 것은 어렵다.

* 주부가 길 때

영어에서는, 주부가 길고, 술어가 짧을 때는 It을 가주어로 사용하는 경우가 있습니다.

　　It (=To answer this question) is difficult.
이 경우 It은 「그것은」이라고 해석하지 않습니다.

예(1)은, 「이 질문에 대답하는 것」이 어느 누구에게나 어려운 경우에 사용됩니다. 그런데, 「내게는 어렵지만, 그에게는 쉽다」라고 말하는 경우가 있습니다. 그것을 나타내는 것이 (2)의 형태입니다.

for me 부분을 바꿈에 따라서, 뜻이 바뀌어집니다. 예를들면, for me 대신에 for Young-Soo라고 하면 「영수가 … 하는 것은 어렵다」라는 뜻이 됩니다. 다른 면에서 생각해 보면, me 또는 Young-Soo가 answer ~의 주어가 되어 있습니다. 즉 I → answer …, Young-Soo → answer … 처럼 생각하면 쉽게 알 수 있습니다.

──◇ 연　습 ◇──

예와 같이 되도록 다음 문장을 쓰시오.

[예] I cannot do it. (difficult) → It is difficult for me to do it.
(1) She can speak English.　(easy)
(2) You cannot get to the station by 9.　(difficult)
(3) We can help them.　(necessary)
(4) He cannot read well.　(important)

● 해답
(1) It is easy for her to speak English.
(2) It is difficult for you to get to the station by 9.
(3) It is necessary for us to help them.
(4) It is important for him to read well.

66. 너무 ~해서 … 할 수 없다
(too~to…)

> 히　이즈　투　올드　투　워크
> He is **too** old **to** work.
> 그는 일하기에는 너무 늙었습니다.

* 「너무 ~해서 … 할 수 없다」고 말할 때
　too에는 「~도 또한」이란 뜻도 있지만, **too ~to**…가 되면 「…하기에는 너무 ~하다 → 너무 ~해서 … 할 수 없다」라는 뜻을 나타냅니다.

예문은, 「일하기에는 너무 늙었다→늙어서 일할 수 없다」라는 뜻이 됩니다.

too ~to …의 형태는, so ~that…can not 형으로 고쳐 쓸 수 있습니다.

> He is **too** old **to** work.
> → He is **so** old **that** he cannot work.
> I am **too** tired **to** walk any more.
> (이 이상 걷기에는 너무 지쳤다.)
> → I am **so** tired **that** I cannot walk.
> (너무 지쳤기 때문에 이 이상 걸을 수 없다.)
> This book is **too** difficult for me **to** read.
> (이 책은 내가 읽기에는 너무 어렵다.)
> → This book is **so** difficult **that** I cannot read it.
> (이 책은 너무 어렵기 때문에 나는 읽을 수 없다.)

히 이즈 올드 이너프 투 드라이브 어 카
He is old enough to drive a car.
그는 자동차를 운전하기에 충분한 나이가 되었다.

---

* 「…하기에 충분히」를 나타낼 때

enough to…는 too ~to …와 반대의 뜻을 나타냅니다. 예문은, 「~을 운전하기에 충분히 나이가 들었다」라는 뜻을 나타냅니다.

enough to… 형태는, so ~that~can 형으로 바꿔쓸 수 있습니다.

> He is old **enough to** drive a car.
> → He is **so** old **that** he **can** drive a car.

이 문장에서 주의하지 않으면 안 되는 것은 old입니다. old에는 「늙은」이란 뜻도 있지만, He is two years old.(그는 두살이다.)의 old처럼 「나이를 먹다」라는 뜻도 있습니다.

예문의 old는 「면허증을 취득할 만큼 나이를 먹었다」라는 뜻입니다.

비교⇨ (1) He is **too** old **to** work.
  =He is **so** old **that** he **cannot** work.
  (너무 늙어서 일할 수 없다.)

(2) He is old **enough to** work.
  =He is **so** old **that** he **can** work.
  (일할 수 없을 정도의 나이가 되었다.)

> 히   워크트   소우 하드   댓 히 패스트   더
> He worked **so** hard **that** he passed the
> 이그재미내이션
> examination.
> 그는 매우 열심히 공부했기 때문에 시험에 합격했다.

* 「…이기 때문에 (그 결과)…」를 나타낼 때
 「매우 ~이다(~하다)」때문에, 그 결과 「…하다」라는 것을 나타낼 때는 so ~that …을 사용합니다. 예문에 대해 말하면, 「열심히 공부했다」→그 결과 「합격했다」는 말이 됩니다.

[예] He was **so** tired **that** he went to bed early.
  (그는 대단히 피곤했기 때문에 일찍 잤다.)

that 뒤에 can, cannot이 올때는, enough to, too ~to로 바꾸어 말 할 수 있습니다.

────◇ 연 습 ◇────

다음 문장을 so ~that…문장으로 고쳐 쓰시오.
(1) My brother is too young to go to school.
(2) This desk is too heavy for me to move.
 [주] move 의 목적어를 첨가하는 것.
(3) These shoes are too small for him to wear.
(4) He was tall enough to reach the picture on the wall.

(5) Tom is strong enough to do the job.

● 해답
(1) My brother is so young that he cannot go to school.
(2) This desk is so heavy that I cannot move it.
(3) These shoes are so small that he cannot wear them.
(4) He was so tall that he could reach the picture on the wall.
(5) Tom is so strong that he can do the job.

67. …하는 것을(보았다), …하지 않도록
[to 없는 부정사, 부정사의 부정형]

아이 쏘우 힘   런   인투 더   룸
I   saw him **run** into the room.
나는 그가 방으로 뛰어드는 것을 보았습니다.

* 「…하는 것을 보았다」를 나타낼 때

예문에 대해 생각하면, 「내가」 무엇을 「보았다」라고 말하면 He runs into the room.(그가 방으로 뛰어 들었다.)이라고 합니다. 그런데, 동사 saw의 성질 때문에, I saw **that** he…처럼 that 을 사용하여 표현할 수 없습니다. 때문에, he를 him으로 바꾸어야 됩니다. 그래서, 다음에 오는 동사 run은, runs도 ran도 아닌, 원형 run을 사용합니다. 이 형태에서는 to를 붙이지 않습니다. 해석할 때는 「그가 …하는 것을 나는 보았다」라고 하면 됩니다.

이 형태가 되는 것은, 술어동사가 **지각동사**(see, hear, feel 등)일 때입니다.

I **heard** her **sing**. (나는 그녀가 노래부르는 것을 들었습니다.)
I **felt** the house **shake**. (나는 집이 흔들리는 것을 느꼈다.)

> 비 캐어풀 낫 투 루즈 유어 머니
> Be careful **not to lose** your money.
> 돈을 잃지 않도록 주의하세요.

* 「…하지 않도록」을 나타낼 때

일반동사인 부정형은 do를 사용하여, do not go처럼 하지만, 부정사의 부정형은, to~ 앞에 not을 붙이기만 하면 됩니다.

다음의 다른 점은, 분명히 외워 두지 않으면 안 됩니다.

(1) { **Don't lose** your money. (돈을 잃지 마라.)
      Be careful **not to lose** your money.
      (돈을 잃지 않도록 주의해라.)

(2) { Mother told me **to do** it.
      (어머니는 그것을 하도록 말했다.)
      Mother told me **not to do** it.
      (어머니는 그것을 하지 않도록 말했다.)

(3) { The teacher told me **not to go**.
      (선생님은 내게 가지 않도록 말했다.)
      The teacher **did not** tell me **to go**.
      (선생님은 내게 가도록 말하지는 않았다.)

> 더 티쳐   메이드 힘   라이트 더 센텐스   화이브
> The teacher made him **write** the sentence five
> 타임즈
> times.
>
> 선생님은 그에게 그 문장을 5번 쓰게 시켰다.

* 「…시키다」를 나타낼 때

예문의 made는, 「만들다」가 아니고, 「…시키다」라는 뜻을 나타냅니다. 이 made를 **사역동사**라고 합니다. 「사역동사＋목적어＋부정사」의 구문일 때 부정사에는, to를 붙이지 않습니다. 이 때, write의 의미상의 주어는 him입니다. 즉, 「그가 쓰다」입니다.

사역동사에는 make 외에, have·let 등이 있습니다.

    I had her **write** a letter. (나는 그녀에게 편지를 쓰게 시켰다.)
비교⇨ I wrote a letter to her. (나는 그녀에게 편지를 썼다.)
    Let me **know** the time.   (시간을 나에게 알려 주세요.)

> 유 해드 베터   테이크 유어 엄브레라   위드 유
> You **had better take** your umbrella with you.
>
> 당신은 우산을 가지고 가는 편이 좋습니다.

* 「…하는 편이 좋다」를 나타낼 때

had better~은 「~한 편이 좋다」라는 뜻이지만, better 뒤에는 to 없는 부정사가 옵니다. to를 붙이면 틀립니다.

[예] You **had better** read English every day.

     (매일 영어를 읽는 편이 좋습니다.)

──◇ 연   습 ◇──

다음 문장의 (   )안에 알맞은 것을 고르시오.
(1) I heard the bird (sing, sings, to sing).

(2) Did you hear somebody (cry, to cry, cried) last night?
(3) You had better (study, studying, to study) English.
(4) Mother told the children (don't, not, aren't) to play in the street.
(5) He had her (plays, play, to play) the piano.
(6) I want you (go, to go, going) to the store.

● 해답
(1) sing   (2) cry   (3) study   (4) not   (5) play
(6) to go

68. ···이지만, ···하자마자 등
[접속사(1)]

도우 히 이즈 푸어 히 이즈 해피
Though he is poor, he is happy.
그는 가난하지만, 그는 행복합니다.

* 「···이지만」 등을 나타낼 때

문장을 연결할 때는 접속사를 사용합니다. when, that 등이 그 역할을 하지만, 그것과 같은 역할을 하는 것에, 예문의 though가 있읍니다. though 외에 다음과 같은 것도 있습니다.

If it is fine tomorrow, we will go on a picnic.
 (내일 날씨가 좋다면, 우리들은 소풍을 갈 것입니다.)

As there is no time, go by taxi.
 (시간이 없으니까, 택시로 가 주세요.)

We like him, **because** he is honest.
 (그는 정직하기 때문에, 우리는 그를 좋아합니다.)

> 애즈 순   애즈 더   맨   쏘우 어   폴리스맨   히
> **As soon as** the man saw a policeman, he
> 랜   어웨이
> ran away.
>
> 그 남자는 경찰을 보자마자 도망쳤습니다.

* 「…하자마자」를 나타낼 때

   as soon as 는 세 단어가 합쳐져 하나의 접속사 역할을 합니다.
   「…하자마자」라는 뜻으로, 시간을 나타내는 부사절을 이끕니다.
   시간을 나타내는 접속사에는 다음과 같은 것이 있습니다.

   Mother was cooking **when** I came home.
   (내가 집에 돌아왔을 때, 어머니는 요리를 하고 계셨다.)
   I'll be waiting here **till** he comes.
   (그가 올 때까지 나는 여기서 기다리고 있습니다.)
   I have lived in this town **since** I was born.
   (내가 태어난 후, 나는 여기서 살고 있습니다.)
   Let's go home **before** it gets dark.
   (어두워지기 전에 집에 돌아갑시다.)

───◇ 연   습 ◇───

다음 문장의 ( )안에, 아래에서 적당한 접속사를 골라 넣어, 문장을 완성하시오.

(1) Mr. Smith has been studying Korean literature (   ) he came to Korea.
(2) I played baseball (   ) I finished writing a letter.
(3) Let's stay here (   ) the rain stops.
(4) I'll let you know (   ) I hear.
(5) He is not happy (   ) he is rich.

   after   as soon as   since   till   though

● 해답
 (1) since
 (2) after
 (3) till
 (4) as soon as
 (5) though

69. ~도 ~도, ~뿐만 아니라 ~도

[접속사(2)]

<u>보스</u>　히　앤드　아이　아　라이트
Both he **and** I are right.
그도 나도 맞습니다.

* 「~도 ~도」를 나타낼 때
 he and I는 「그와 나는」이란 뜻이지만, 그것을 더 분명히 말할 때는 both를 사용하여, **both** he **and** I와 같이 말합니다. 다음 두 문장을 비교해 봅시다.

 { I like apples **and** pears. (나는 사과와 배를 좋아합니다.)
 { I like **both** apples **and** pears.
　　(나는 사과도 배도 좋아합니다.)

 이 경우에는, 주어가 복수라고 생각했기 때문에, are가 되고, am도 is도 아닙니다.
 both ~ and ~ 는 두 단어로 하나의 접속사 역할을 합니다.

> 히 캔 스피크 낫 온리 잉글리쉬 밧 올소
> He can speak **not** **only** English **but** **also**
> 후렌치
> French.
>
> 그는 영어뿐 아니라 불어도 말할 수 없습니다.

* **「…뿐 아니라 ~도」를 나타낼 때**

  「…뿐 아니라 ~도」라고, 더 첨가하여 말하는 기분을 나타낼 때는, not only~but (also)~를 사용합니다. 예문은, both~and~를 사용해 바꾸어 말하는 것도 가능합니다.

  He can speak both English and French.

  (그는 영어도 불어도 말할 수 없습니다.)

  not only~but also~도 4단어로 하나의 접속사 역할을 하지만, also를 생략하는 경우도 있습니다.

> 이더 유 오아 아이 해브 투 고우
> **Either** you **or** I have to go.
> 당신이든지 나든지, 어느 쪽이든지 가지 않으면 안 됩니다.

* **「~든지 ~든지, 어느 쪽이든지」를 나타낼 때**

  양쪽 중 어느 쪽이든지 한 쪽을 말할때는 or를 사용하지만, 그 뜻을 한층 더 분명히 하기 위해서 either~or~를 사용합니다.

  (both ~ and ~ 를 참조)

  We have to speak either English or French.

  (우리는 영어든지 불어든지, 어느 쪽이든지 하나를 말하지 않으면 안 됩니다.)

> 니더 유 노어 아이 쏘우 힘
> **Neither** you **nor** I saw him.
> 당신도 나도 그를 보지 않았다.

* 「～도～도～아니다」를 나타낼 때

「～든지～든지 어느 쪽이든지」는 either～or～를 사용하지만, 그 부정형이 neither～nor～입니다. 예문은, 다음 두 문장을 하나로 정리한 것이라고 생각할 수 있습니다.

You did not see him.
I did not see him. } → Neither you nor I saw him.

주의 ➡ 국어대로 생각하면,「어느쪽도 ～아니다」이기 때문에, both 를 사용하여, 다음과 같이 말하면 뜻이 달라집니다.

Both you and I did **not** see him.

(너와 내가 같이 그를 만나지는 않았지만, 한 쪽은 만났다.)

비교⇨ { He can speak **neither** English **nor** French.
　　　　　　　　　(어느 쪽도 말할 수 없다.)
　　　　 He can **not** speak **both** English **and** French.
　　　　　　　　　(한 쪽은 말할 수 있다.)

———◇ 연　습 ◇———

다음 문장을 영어로 옮기시오.
(1) 그도 그의 동생도 열심히 공부합니다.
(2) 그의 아버지는 프랑스뿐 아니라 영국에도 갔다.
(3) 그들은 불어든지 독어든지 어느 쪽이든지 말할 수 있습니까?

● 해답
(1) Both he and his brother work hard.
(2) His father went not only to France but **also to England**.
(3) Can they speak either French or German?

70. ···인 것을 알고 있다

[시제의 일치]

아이 노우 댓 쉬 이즈 리치
I know that she **is** rich.
　나는 그녀가 부자인 것을 알고 있다.
아이 뉴 댓 쉬 워즈 리치
I knew that she **was** rich.
　나는 그녀가 부자인 것을 알고 있다.

* 「시제의 일치」란
　문장에는 주절과 종속절이 있습니다.

<u>I know</u> <u>that she is rich.</u>
　주절　　　종속절

위 예문을 보면, 다음과 같이 나뉘어집니다.
　결국, that이라는 접속사가 이끄는 문장이 종속절이고, 그 앞 문장이 주절입니다.
　그런데, 「시제의 일치」란, 이 주절동사가 과거일 때, 거기에 따라서 종속절 동사도 과거로 바뀌는 것을 말합니다.

> We **know** that he **speaks** French.
> 　(우리는 그가 불어를 말하는 것을 알고 있다.)
> We **knew** that he **spoke** French.
> 　(우리는 그가 불어를 말하는 것을 알고 있었다.)

> I **think** that he **will** come in the afternoon.
> 　(나는 그가 오후에 온다고 생각합니다.)
> I **thought** that he **would** come in the afternoon.
> 　(나는 그가 오후에 온다고 생각했습니다.)

단지, 종속절 내용이 진리와 습관을 나타내고 있는 경우는, 주절동사가 과거가 되어도, 이 제약은 받지 않습니다.

> I **know** that the earth **is** larger than the Mars.
> (나는 지구는 화성보다도 크다는 것을 알고 있습니다.)
> I **knew** that the earth **is** larger than the Mars.
> (나는 지구는 화성보다도 크다는 것을 알고 있었습니다.)

> He **says** that he **takes** a walk every morning.
> (그는 매일 아침 산보를 한다고 말합니다.)
> He **said** that he **takes** a walk every morning.
> (그는 매일 아침 산보를 한다고 말했습니다.)

주절동사가 과거이고, 종속절 동사도 과거인 경우에는 그 해석 방법에 주의합시다.

I thought that he **was** kind.

(나는 그가 친절하다고 생각합니다.)

She **said** that she **could** solve the problem.

(그녀는 그 문제를 풀 수 있다고 말했다.)

위 문장에서, he **was** kind의 **was**와 she **could** solve the problem 의 **could**는, 모두 「시제 일치」의 규칙에 따라 과거형이 된 것이기 때문에, 「그는 친절**했다**」「그녀는 그 문제를 풀 수 **있었다**」처럼 과거형으로 해석해서는 안 됩니다.

---◇ 연　습 ◇---

I. 다음 문장의 (　) 안에, 각각 3개의 어구 중 알맞은 것을 골라, 번호로 답하시오.

(1) I knew that he (1. is　2. was　3. will be) happy.
(2) I didn't know that he (1. is　2. was　3. will be) tired.
(3) Tom thought that I (1. live　2. lived　3. will live) in Seoul.
(4) Our teacher said that time (1. is　2. was　3. will be) money.

(5) He said that he (1. want 2. wants 3. wanted) to see you.
(6) I think that he (1. will be 2. is 3. has been) sick in bed for a week.

2. 다음 문장의 밑줄 친 부분이 잘못됐다면 바로 고치시오.
   (1) Mary said that she is going to play the piano.
   (2) I thought that he can sing very well.
   (3) They learned that the earth goes around the sun.
   (4) She did not think that he is happy.
   (5) I am glad that you were not there.
   (6) He thought that she may be a great pianist.

● 해답
1. (1) 2   (2) 2   (3) 2   (4) 1   (5) 3   (6) 3
2. (1) is → was   (2) can → could   (3) 맞음
   (4) is → was   (5) 맞음   (6) may → might

제2부
문법정리

1. 영어 전체의 구성 요소를 알자.
2. 자신이 지금 무엇을 공부하고 있는가를 알자.
3. 자신이 지금 어느 부분을 공부하고 있는가를 분명히하자.
4. 「문법정리」에서 얻은 지식을 활용하자.

I. 명사 (Noun)

> 명사란, 사람 또는 사물의 이름을 나타내는 말입니다.

명사의 종류

1. **보통명사**; 셀 수 있는 사물의 이름
    book (책), **girl** (소녀), **knife** (칼), **dog** (개)

2. **집합명사**; 집합체를 나타내는 것의 이름
    family (가족), **class** (학급), **police** (경찰),
    public (공중)

3. **물질명사**; 일정한 형태가 없고, 셀 수 없는 물질의 이름
    water (물), **coffee** (커피), **paper** (종이),
    chalk (분필)
    [주] 셀 수 있을 때는 다음과 같이 나타냅니다.
    a glass of water (한 컵의 물)
    two pieces of chalk (분필 두 개)

4. **추상명사**; 성질, 동작, 상태 등을 나타내는 말
    peace (평화), **kindness** (친절), **beauty** (미),
    music (음악)

5. **고유명사**; 인명, 지명, 국명 등 그것에만 붙여진 고유한 이름
    Tom (톰), **Brown** (브라운),
    Washington (워싱톤), **Asia** (아시아)

명사의 수

1. 셀 수 있는 명사에는, 하나를 나타내는 단수 형태와, 둘 이상을 나타내는 복수 형태가 있습니다.

단수형	cat	bench	child
복수형	cats	benches	children

2. 복수형 만드는 법

(1) 어미에 s를 붙인다.

(a) books (책), caps (모자), hats (모자)
　　　　　　　　　　　　　　〔 [-s] 로 발음된다 〕

(b) dogs (개), apples (사과), beds (침대)
　　　　　　　　　　　　　　〔 [-z] 로 발음된다 〕

(2) 어미가 -s, -sh, -ch, -x로 끝나는 말에는 es를 붙인다.
　　buses (버스), dishes (접시),
　　boxes (상자)　　　　　　〔 [-iz] 로 발음된다 〕

(3) 「자음+o」로 끝나는 말에는 es를 붙인다.
　　potatoes (감자), 　　tomatoes (토마토), heroes (영웅)
　　[예외] 외래어의 경우에는 s만을 붙입니다.
　　　　pianos (피아노), photos (사진)

(4) 「자음+y」로 끝나는 말에는, y를 i로 고치고 es를 붙인다.
　　baby—babies (아기), lady—ladies (부인)
　　비교⇨ 「모음+y」에는 s만을 붙인다.
　　　　boys (소년), keys (열쇠), days (날)

(5) 어미가 -f, -fe로 끝나는 경우에는 f, fe를 v로 고치고 es를 붙인다.
　　leaf—leaves (나뭇잎), knife—knives (칼)
　　[예외] handkerchief—handkerchiefs (손수건),
　　　　roof—roofs (지붕)

(6) 모음을 바꾸는 것
　　man—men (남자), foot—feet (발),
　　mouse—mice (쥐)

(7) 단수와 복수가 형이 같은 것
　　sheep (양), 　　deer (사슴)

(8) 셀 수 없는 명사의 수량을 나타낼 때는, a cup of~ (cups of~) 등의 말을 사용합니다.

a cup of (tea, coffee)　　　(한 잔의 (차, 커피))
two glasses of (water, milk)　(두 컵의 (물, 우유))
three slices of (ham, bread)　(세 장의 (햄, 빵))
four pieces of (paper, chalk)　(네 장(자루)의 (종이, 분필))

명사의 격

1. 문장 안에 있는 명사와 다른 단어와의 관계를 격이라 합니다. 명사의 격에는, 세 종류가 있습니다.

   (1) 주격(…이(가), …은(는))

   Mary sings very well.　(메리는 노래를 매우 잘 부른다.)

   (2) 소유격(…의)

   This is **Tom's** bicycle.　(이것은 톰의 자전거 입니다.)

   (3) 목적격(…을(를))

   My sister can play the **violin**.

   (내 누이는 바이올린을 켭니다.)

   I gave **Bill a pen**.　(나는 빌에게 펜을 주었습니다.)

2. 소유격 만드는 법

   (1) 생물을 나타내는 명사 어미에 "**'s**"를 붙입니다.

   My sister's doll　(내 누이의 인형)
   the boy's bag　　(그 소년의 가방)

   무생물을 나타내는 명사의 경우에는 of 를 사용하여, 다음처럼 말합니다.

   the legs of the table　　(테이블의 다리)
   the window of the room　(방의 창)

   (2) 어미가 s 로 끝나는 복수형 단어에는, "**'**"만을 붙이고, 복수형이라도 어미가 s 가 아니면 "**'s**"를 붙입니다.

   the boys' caps　　(소년들의 모자)
   the children's toys　(어린이들의 장난감)

3. 소유격의 의미
   (1) the girl's dress　　　　　　　　　　　　　　[소유]
   (2) a girls' school (a school for girls) (여학교) […을 위한]
   (3) today's paper　　　　(오늘 신문)
       five minutes' walk (5분간의 거리)
       a mile's distance　 (1마일의 거리)　[시간, 거리]
   (4) Father's return　　　(아버지의 돌아오심)
       my uncle's arrival (나의 아저씨의 도착) [주격관계]

   (5) the baby's care　　　(아기 보기) [목적격관계]

4. 소유격 뒤에서는 명사를 생략하는 경우도 있습니다.
   Betty spent the holidays at her aunt's (house).
   (베티는 아주머니 집에서 방학을 지냅니다.)

   He went to the barber's (shop). (그는 이발소에 갔다.)

명사의 용법

1. 집합명사에는, 다음 두 가지 용법이 있습니다.
   (1) 전체를 하나로 표현하는 경우
       His family **is** a large one. (그의 가족은 대가족입니다.)
   (2) 전체를 구성하고 있는 개개의 것을 표현하는 경우
       All his family **are** very well. (그의 가족은 모두 훌륭합니다.)
2. 셀 수 없는 명사(물질명사, 추상명사, 고유명사)가 셀 수 있는 명사(**보통명사**)로 사용되는 경우도 있습니다.
   (1) 물질명사가 보통명사로
       I have some *coppers*. (나는 동전을 갖고 있다.)
       a glass (컵),　　an iron (다리미)　　[제품을 나타낸다]

(2) 추상명사가 보통명사로

She has done me many *kindnesses*.

(그녀는 나에게 여러가지로 친절히 해 주고 있다.)

[하나하나의 구체적인 행위]

(3) 고유명사가 보통명사로

There are many *Smiths* in this town.

(이 시에는 스미스라는 성의 사람이 많이 살고 있습니다.)

an *Edison* (에디슨 같은 사람)
a *Shakespeare* (세익스피어 같은 사람)
The *Browns* (브라운 가의 사람들)

2. 대명사 (Pronoun)

대명사란, 명사를 대신하는 단어입니다.

대명사의 종류

1. **인칭대명사**; 사람(또는 사물)을 가리켜 자기 자신, 상대방, 제3자의 구별을 나타내는 대명사

    I, my, me, you, we, us, he, she, it, they 등

2. **지시대명사**; 사람(또는 사물)을 「이것(들)」「저것(들)」을 가리켜 나타낼 때 사용하는 대명사

    this, these, that, those

3. **부정대명사**; 막연한 사람이나 사물을 가리킬 때 사용하는 대명사

    one, none, any, some, other, either, both, all 등

4. **의문대명사**; 주로 의문을 나타내는 대명사

    who, which, what

5. **관계대명사**; 대명사와 접속사의 역할을 겸한 대명사

    who, which, that

인칭대명사

1. 인칭

   말하는 사람 자신을 나타내는 것 ― 1인칭
   말하는 상대를 나타내는 것 ― 2인칭
   말하는 사람, 말하는 상대 이외의 것 ― 3인칭

2. 인칭대명사의 표

수 격 인칭	단수			복수		
	주격 (~은, ~가)	소유격 (~의)	목적격 (~을, ~에게)	주격 (~은, ~가)	소유격 (~의)	목적격 (~을, ~에게)
1인칭	I	my	me	we	our	us
2인칭	you	your	you	you	your	you
3인칭	he she it	his her its	him her it	they	their	them

3. 복수인칭대명사 ; we, you, they 는, 일반 사람들을 나타낼 때 사용할 수 있습니다.

   We have much rain in June. (6월에는 비가 많다.)
   You can buy everything at the store.
   (그 가게에서는 무엇이라도 살 수 있다.)
   They say that Tom is honest. (톰은 정직하다고 말한다.)

4. **It** 의 특별용법

   (1) 거리, 날씨, 시간, 온난 등을 나타낼 때 사용합니다.
   It is about a mile from here to his house.
   (여기서부터 그의 집까지는 약 1마일입니다.)
   It is a fine day today. (오늘은 날씨가 좋습니다.)
   It is a quarter to ten. (10시 15분 전입니다.)

(2) 형식상의 주어와 목적어로 사용되어, 구 또는 문장을 대표합니다.

It is fun *to play baseball.*
(야구를 하는 것은 즐겁다.)
It is difficult for me *to speak English.*
(영어를 말하기는 나에게는 어렵다.)
It is true *that he is ill.*
(그가 아프다는 것은 사실이다.)

(3) It is (was) ~ that… 형으로 문장의 일부를 강조합니다.
He went to the park yesterday. (어제 그는 공원에 갔다.)
→ It was *he* that went to the park yesterday.
(어제 공원에 간 것은 그였다.)
→ It was *to the park* that he went yesterday.
(어제 그가 간 곳은 공원이었다.)
→ It was *yesterday* that he went to the park.
(그가 공원에 간 것은 어제였다.)

5. 인칭대명사가 소유격 변화한 뒤, 소유 대명사로 표현하는 것이 있습니다.

(1) 소유대명사의 표

수 종류 인칭	단수		복수	
	인칭대명사 소유격	소유대명사	인칭대명사 소유격	소유대명사
1인칭	my ⟶	mine	our ⟶	ours
2인칭	your ⟶	yours	your ⟶	yours
3인칭	his ⟶ her ⟶	his hers	their ⟶	theirs

(2) 소유대명사의 용법

My bicycle is old, but **hers** is new.
(내 자전거는 낡았지만, 그녀의 것은 새 것이다.)
Is that book yours? (저 책은 당신의 것입니까?)

6. **Self-**대명사 ; 인칭 대명사에 −self(−selves)를 붙인 것

(1) **self-**대명사의 표

인칭＼수	단수	복수
1인칭	myself	ourselves
2인칭	yourself	yourselves
3인칭	himself herself itself	themselves

(2) **self-**대명사의 용법

I wrote the letter **myself**.　　　[의미를 강조하는 경우]
(스스로 그 편지를 썼다.)

He killed **himself**.　　　[주어와 목적어가 동일한 경우]
(그는 자살했다.)

We enjoyed **ourselves** at the seaside.
(우리는 해안에서 놀았다.)

지시대명사

1. this (these), that (those)은, 「이것(들)」「저것(들)」이라고, 사물을 가리켜 나타낼 때 사용하는 이외에, 명사 앞에 놓여, 형용사로 사용되는 것이 있습니다.

This is an animal and **that** is a bird.
(이것은 동물이고, 저것은 새이다.)

That bird is very pretty. (저 새는 대단히 예쁘다.)
Look at **those** flowers. (저 꽃을 보세요.)

2. that, those 는, 앞에 나온 명사 대신 사용하는 경우가 있습니다.

His dress was **that** of a gentleman.
(그의 옷은 신사의 것이었다.)

Compare the feet of the cow with **those** of the horse.
(소의 발과 말의 것을 비교하세요.)

부정대명사

1. **One 의 용법** ; one 은, 반복을 피하기 위해서, 앞에 나온 명사 대신에 사용됩니다.

Do you have a knife? (나이프를 갖고 있습니까?)
Yes, I have **one** (=a knife). (예, 갖고 있습니다.)

I don't like these gloves. Please show me blue **ones**.
(이 글러브는 마음에 들지 않습니다. 파란 색을 보여 주세요.)

2. **some, any, none 의 용법**

(1) some 은 긍정문에 사용되고, any 는 의문문, 부정문, 조건문에 사용됩니다.

Some of us went on a picnic.
(우리들 중 몇 명이 소풍갔습니다.)

Have **any** of you seen it?
(여러분 중 누군가가 그것을 본 일이 있습니까?)

If you have **any** (pens), give me **some**.
(혹시 (펜)을 가지고 있다면, 나에게 몇 자루 주세요.)

(2) none (not any) 은 단독으로 사용되고, no (not any, not a) 는 형용사로 사용됩니다.

None of them were present.
(그들은 아무도 출석하지 않았습니다.)

I have **no money**. (나는 돈을 갖고 있지 않습니다.)

3. **all, each** 의 용법

all 은 단수로도, 복수로도 취급하지만, each 는 단수로 취급합니다. every 는, 형용사로만 사용됩니다.

All is over.　　　　　　(모두 끝났습니다.)
All of them were silent. (그들은 모두 침묵하고 있습니다.)
Each of us has two rooms.
(우리는 각자 두 개의 방을 갖고 있습니다.)

We go to school **every** day.
(우리는 매일 학교에 갑니다.)

4. **both, either, neither** 의 용법

Both of them were satisfied.
(그들은 둘 다 만족합니다.)

Either of you can go.
(여러분 중 누구나 갈 수 있습니다.)

I know **neither** of them.
(나는 그들 중 아무도 모릅니다.)

5. **-one, -body, -thing** 으로 끝나는 부정 대명사

some, any, no, every 가, 이것들과 결합하여 부정대명사를 만듭니다.

Someone told me so. (누군가가 내게 그렇게 말해 주었다.)
Do you have **anything** in your pocket?
(당신은 호주머니에 무언가 갖고 있습니까?)
I met **nobody** on the road.
(나는 길에서 아무도 만나지 않았다.)

6. 부분부정과 전체부정

all, both, every 등이, 부정어와 함께 사용되면,　　부분부정이 됩니다.
>   **Both** of them are **not** kind.   [부분부정]
>   (둘 다 친절한 것은 아닙니다. → 한 명은 친절하다.)
>   **Neither** of them is kind.   [전부부정]
>   (둘 다 친절하지 않다.)
>   **I don't** know **all** of them.   [부분부정]
>   (나는 그들 전부를 알고 있는 것은 아닙니다. → 몇 명은
>   **I know none** of them.   모른다.)
>   (나는 그들을 아무도 모른다.)   [전부부정]

의문대명사

1. 의문대명사의 표

주격	소유격	목적격
who	whose	whom
which	——	which
what	——	what

2. 의문대명사는 단수에도, 복수에도 사용됩니다.
    Who is that boy? (저 소년은 누구입니까?)
    Who are they? (그들은 누구입니까?)
3. who는 사람에 대해서, what·which는 사람·사물에·사용합니다.
    Who is he? (저 사람은 누구입니까?)
    What is he? (저 사람의 직업이 무엇입니까?)
    What is he doing? (저 사람은 무엇을 하고 있습니까?)
    Which of them did you see yesterday?
    (어제 그들 중 누구를 당신이 만난 것입니까?)
    Which do you want to take? (어느 쪽을 갖고 싶습니까?)
4. what, which는 명사 앞에 놓여서 형용사로서도 사용됩니다.
    What kind of flower is that? (저것은 무슨 꽃입니까?)
    Which book did you read? (어느 책을 읽었습니까?)

5. 의문대명사가 주어로 사용될 때는, do, did 등의 조동사를 사용하지 않습니다.

Who told the story to you?
(누가 당신에게 그 말을 해 주었습니까?)

What makes you think so?
(무엇이 당신을 그렇게 생각하게 한 것입니까? =왜 당신은 그렇게 생각하는 것입니까?)

6. 구어에서는, 목적어 whom 대신에, who를 자주 사용합니다.

Who are you waiting for?
(당신은 누구를 기다리고 있는 것입니까?)

관계대명사

1. 관계대명사의 표

선행사 \ 격	주격	소유격	목적격
사람	who	whose	whom
동물·사물	which	whose	which
사람·동물·사물	that	――	that

2. **who, whose, whom** 의 용법

Tom is a boy **who** lives next door.
(톰은 옆 집에 사는 소년입니다.)

He has a daughter **whose** name is Kate.
(그에게는 이름이 케이트라는 딸이 있습니다.)

She is the girl **whom** I met yesterday.
(그녀는 내가 어제 만난 소녀입니다.)

3. **which, whose, which** 의 용법

That house **which** stands on the hill is Mr. Smith's.
(언덕 위에 서 있는 저 집은 스미스 씨의 것입니다.)

Look at the mountain **whose top** is covered with snow.
(정상이 눈으로 덮여 있는 저 산을 보세요.)

This is the book **which** I lost yesterday.
(이것은 어제 내가 잃어 버린 책입니다.)

4. that 의 용법

that 은 who·which 의 주격, 목적격과 같이 사용되지만, 다음 경우에는 that을 사용합니다.

(1) 선행사로 형용사의 최상급이 올 때

This is *the best* music **that** I have ever heard.
(이것은 내가 지금까지 들었던 가장 좋은 음악입니다.)

(2) 선행사로, the first, all, the same, the only, the last, the very, no, any, every 등이 올 때

He was *the first* boy **that** came to school this morning.
(그는 오늘 아침에 학교에 온 첫 소년입니다.)

This is *all* **that** I have.
(이것이 내가 갖고 있는 것의 전부입니다.)

(3) 선행사가 사람과 동물, 양쪽을 포함할 때

Look at *the girl and her dog* **that** are walking over there.
(저기서 걷고 있는 소녀와 개를 보세요.)

(4) 의문사가 사용되고 있을 때

Who is the boy **that** hit a home run?
(홈런을 친 소년은 누구입니까?)

5. 관계대명사의 생략

관계대명사는, 목적격인 경우에 종종 생략됩니다.

She is the woman (**whom**) I met at the station.
(그녀는 내가 역에서 만난 부인입니다.)

That is the picture (**which**) John painted.
(저것이 존이 그린 그림입니다.)

I spent all the money (**that**) I had.
(나는 갖고 있는 돈을 전부 써 버렸습니다.)

3. 형용사 (Adjective)

> 형용사란, 명사와 대명사에 대해 성질, 수량, 상태 등을 나타내는 말입니다.

형용사의 종류

1. 성질형용사 ; 성질과 상태를 나타낸다.
   He is a **kind** doctor.　(그는 친절한 의사입니다.)
   I am very **happy**.　(나는 매우 행복하다.)

2. 수량형용사 ; 수와 양을 나타낸다.
   (1) 정수량을 나타내는 것.
   (a) 기수

   1~12　one, two, three, four, five, …, ten, eleven, twelve
   13~19　thirteen, fourteen, …, nineteen
   20~90　twenty, thirty, forty, fifty, sixty, …, ninety
   21~30　twenty-one, twenty-two, …, thirty
   100　　one (또는　a) hundred
   101　　one (또는　a) hundred and one
   　　　100단위와 10단위의 사이에 and 를 넣습니다.
   346　　three hundred and forty-six
   1,000　one (또는　a) thousand
   4,827　four thousand eight hundred and twenty-seven

   (b) 서수 ; first, second, third 를 제외하고, 기수 어미에 th 를 붙입니다. 또한 서수에는 the 를 붙입니다.

   제 1번~제 10번 **first, second, third, fourth, fifth, sixth, seventh, eighth, ninth, tenth**
   제 11번 **eleventh**
   제 20번 **twentieth**, 제 21번 **twenty-first**, 제 30번 **thirtieth**

(2) 부정수량을 나타내는 것

　(a) 수를 나타내는 것 ; 복수형 명사와 함께 사용합니다.

　　many, a few, few, some, any, enough

　　Do you have **many** friends in America?

　　(당신은 미국에 친구가 많이 있습니까?)

　　There are **few** mistakes in your composition.

　　(당신의 작문에는 틀린 것이 조금 있습니다.)

　(b) 양을 나타내는 것 ; 단수형 명사와 함께 사용합니다.

　　much, a little, little, some, any, enough

　　We have **much** rain in June. (6월에는 비가 많다.)

　　I have **a little** money. (나는 돈을 조금 가지고 있다.)

3. 대명형용사; 대명사의 성질을 갖는 형용사로, **지시형용사**라 부르는 this·that 등과, what·which의 **의문형용사**, 또는, some·any·every 등의 부정수량을 나타내는 대명사로 사용되는 것이 있다.

　　This pencil is mine. (이 연필은 나의 것이다.)

　　Any man can answer such an easy question.

　　(누구라도 그런 쉬운 질문에는 대답할 수 있다.)

　　What day of the week is it today?

　　(오늘은 무슨 요일입니까?)

형용사의 용법

1. 연체적 용법; 명사의 앞이나 뒤에 놓여져 명사를 수식합니다.

　She has a **pretty** flower.

　(그녀는 예쁜 꽃을 가지고 있습니다.)

　I want something **cold** to drink.

　(나는 뭔가 차가운 것을 마시고 싶다.)

2. 술어적 용법; 보통, 동사 뒤에 놓여서 보어 역할을 합니다.

　This flower is very **pretty**. (이 꽃은 매우 예쁘다.)

특별한 숫자 읽는 법

(시각) 7 : 30 a.m.＝seven thirty a.m.
 21 : 10 express＝the twenty-one ten express
(날짜) May 7th＝May the seventh
 Jan. 23rd＝January the twenty-third
(연대) 1974＝nineteen seventy-four

(전화번호) 6108＝six one o eight
 321-4136
 ＝ three two one; four one three six

(분수) $\frac{1}{2}$＝a half, one half

 $\frac{1}{3}$＝a third, one third

 $\frac{2}{3}$＝two thirds

 $\frac{3}{4}$＝three quarters, three fourths

 $1\frac{4}{6}$＝one and four sixths

비교

형용사에는, 각각 정도의 비교를 나타내는 원급·비교급·최상급의 세 형태가 있습니다.

원급; 비교 변화하기 전의 본래의 형태로, 사전에 실려 있는 그대로의 형.

비교급; 둘을 비교하여, 한편이 「보다…」또는, 「한층…」이라는 뜻을 나타내는 형.

최상급; 셋 이상의 경우, 비교하여, 「가장…」또는, 「더욱…」이라는 뜻을 말하는 형.

I. 비교급, 최상급 만드는 법

(1) 원급 어미에 er, est를 붙이는 것

원급	비교급	최상급
tall	tall**er**	tall**est**
fast	fast**er**	fast**est**
fine	fin**er**	fin**est**
big	big**ger**	big**gest**
easy	eas**ier**	eas**iest**

주의 ➡ 1. e로 끝나는 단어는 r, st만을 붙인다.
2. 「단모음+자음」으로 끝나는 단어는 자음을 한 번 더 쓴다.
3. 「자음+y」로 끝나는 단어는 y를 i로 고쳐 쓴다.

(2) 원급 앞에 **more, most**를 붙이는 것

원급	비교급	최상급
beautiful	**more** beautiful	**most** beautiful
useful	**more** useful	**most** useful

(3) 불규칙한 변화를 하는 것

원급	비교급	최상급
good well	better	best
bad	worse	worst
many much	more	most

2. 비교의 방법

(1) 원급을 사용하는 경우

  (a) 「같은 정도 ~다」라고, A=B의 관계를 나타낼 때는

> as + 원급 + as

의 형태를 사용합니다.

He is **as tall as** I.　(그의 키는 나와 같습니다.)

(b) 「…정도 ~ 하지 않다」라고, A≠B를 나타낼 때는

> not $\left\{\begin{array}{l}\text{so}\\\text{as}\end{array}\right\}$ + 원급 + as

의 형태를 사용합니다.

You are **not so tall as** he.

(당신은 그만큼 키가 크지 않습니다.)

(2) 비교급을 사용하는 경우

(a) 「A는 B보다 ~ 다」라는 A>B의 관계는

> 비교급 + than

으로 나타냅니다.

Jack is **older than** I.　(잭은 나보다 나이가 많다.)
This rose is **more beautiful than** that one.

(이 장미는 저 장미 보다도 예쁘다.)

주의 ➡ 접속사 than 뒤는, 보통 생략된 문장 형태가 옵니다.
　　　Jack is older than I (am old).

따라서, than 뒤의 단어는 대개 주격으로, 이 경우도
…than me. 로는 되지 않습니다.

(b) 「두 명(두 개) 중에서 보다 ~」라고 말할 때는

> the + 비교급 + of

로 나타냅니다.

Tom is **the younger of** the two.

(톰은 두 명 중 나이가 어리다.)

(3) 최상급을 사용하는 경우

「…에서 가장~」이라고 말할 때는

> the + 최상급 + $\left\{\begin{array}{l}\text{of}\\\text{in}\end{array}\right\}$

형태로 나타냅니다.

Bill is **the tallest** boy **in** our class.

(빌은 반에서 가장 키가 큰 소년이다.)

Ned is the youngest of us all.
(네드는 우리 모두 중에서 가장 나이가 어리다.)

4. 관사 (Article)

> 관사는, 명사 앞에 붙어서, 「하나의」또는, 「그」라는 뜻을 나타내는 말입니다.

1. 관사의 종류

   (1) 부정관사; a와 an이 있고, 다음에 오는 첫 단어의 발음이 자음일 때 a를, 모음일 때 an을 사용합니다.

   a book (책), **a pencil** (연필).
   an orange (오렌지)

   (2) 정관사; the뿐이지만, 자음 앞에서는 [ðə], 모음 앞에서는 [ði]로 발음됩니다.

2. 부정관사의 용법

   (1) 「하나의」라는 뜻을 나타낸다.
   I have a brother. (나에게는 형이 한 명 있습니다.)

   (2) 「한 번」이라는 뜻을 나타낸다.
   He comes here once a week.
   (그는 일주일에 한 번 여기에 옵니다.)

   (3) 「어떤」이라는 뜻으로, 처음 나온 단어 앞에 사용됩니다.
   An old man came to see me.
   (어떤 노인이 나를 만나러 왔습니다.)

   (4) 보어가 되는 불특정한 단수 보통명사 앞에 사용됩니다. 국어에서는 특별히 해석하지 않는다.
   He is a doctor. (그는 의사입니다.)

You are **a** good singer.　　(당신은 노래를 잘 부릅니다.)
Is this **an** apple?　　(이것은 사과입니까?)

3. 정관사의 용법

(1) 두 번째 사용되는 명사에 대해서,「그」라는 뜻을 나타낸다.
There is *a pen* on my desk.　**The** pen is not mine.
(내 책상 위에 펜이 있습니다. 그 펜은 내 것은 아닙니다.)

(2) 처음 나온 단어라도, 말하는 사람과 듣는 사람에게 특정한 것이라고 생각하는 경우에 사용한다.
Please open **the** door.　　(문을 열어 주세요.)
I'm going to **the** station. (나는 역에 가는 중입니다.)

(3) 관용적 표현으로, 정해져 사용된다.
in **the** morning　(오전 중에, 아침에)
in **the** east　　(동으로)
in **the** country　(시골에서)
in **the** air　　(공중에서)

(4) 단 하나 밖에 없는 것과, 형용사의 최상급에 수식된 명사 앞에 사용됩니다.
The earth goes round **the** sun.
(지구는 태양의 주위를 돕니다.)

This is **the** best book.
(이것이 가장 좋은 책입니다.)

4. 관사의 특별용법

I have **a** few books in my bag.
(나는 가방에 몇 권의 책을 갖고 있습니다.)
He is **an** Edison.
(그는 에디슨 같은 발명가입니다.)
The Hudson River is a big river.
(허드슨 강은 큰 강입니다.)

The Queen Mary was a big steamer.
(퀸 메리 호는 큰 기선 입니다.)
This is the picture of **the** Alps.
(이것은 알프스 산맥의 사진입니다.)
Do you know **the** Browns?
(브라운 가의 사람들을 알고 있습니까?)
The rich are not always happy.
(부자가 언제나 행복하지는 않습니다.)

5. **관사의 생략**; 다음과 같은 경우에 관사는 붙지 않습니다.
   (1) 보통명사가 고유명사처럼 사용되는 경우
   Mother is cooking in the kitchen.
   (어머니는 부엌에서 요리를 하고 있습니다.)
   (2) 부를 때 사용하는 경우
   Come here, **boy**. (당신, 이리로 오세요.)
   (3) 건물 등이 본래의 목적으로 사용되는 경우
   School begins at eight. (학교는 8시에 시작합니다.)
   I go to **bed** at eleven. (나는 11시에 잡니다.)
   They go to **church** on Sunday.
   (그들은 일요일에 교회에 갑니다.)
   (4) 다음과 같은 숙어 중에서
   at home (집에서)   at school (수업 중에)
   at table (식사 중에)   by train (기차로)
   by bus (버스로)   on foot (도보로)
   day by day (날로)
   from morning till night (아침부터 밤까지)
   father and son (아버지와 아들) husband and wife (부부)

5. 부사 (Adverb)

> 부사란, 동사 형용사 또는 다른 부사를 수식하는 말이다.

부사의 종류

1. **단순부사**; 단순히 다른 말을 수식하는 것
   (1) 장소·방향을 나타내는 부사
   there (거기에), here (여기에), somewhere (어디에),
   up (위에), down (밑에)
   (2) 시간을 나타내는 부사
   now (지금), today (오늘), then (그 때),
   soon (곧), late (늦게)
   (3) 모습·상태를 나타내는 부사
   slowly (천천히), so (그렇게), well (잘),
   happily (행복하게)
   (4) 정도를 나타내는 부사
   much (매우), enough (충분히), very (매우),
   quite (바로), greatly (대단히)
   (5) 긍정·부정을 나타내는 부사
   yes (예), certainly (확실히), no (아니오),
   not (아니다), never (결코 …아니다)
2. **의문부사**; 의문사로 사용되는 부사
   where (어디에), when (언제),
   why (왜), how (어떻게)
3. **관계부사**; 부사와 접속사의 역할을 동시에 하는 것
   where, when

단순부사

I. 주의해야 할 용법

(1) ever, never, once

Have you **ever** seen a tiger?

(당신은 호랑이를 본 일이 있습니까?)

[주] ever 는 의문문에 사용되고, 긍정문에는 사용되지 않습니다

I have met him **once**.

(나는 한 번 그를 만난 일이 있다.)

I **never** saw such a tall man.

(나는 그렇게 키 큰 사람을 본 적이 없다.)

(2) already, yet

They have come **already**. (그들은 이미 왔습니다.)

Has the bell rung **yet**? (벨이 벌써 울렸읍니까?)

I have not read the book **yet**.

(나는 그 책을 아직 읽지 않았습니다.)

[주] yet 은 의문문과 부정문에서는 뜻이 달라집니다.

(3) too, either

Mary likes tennis, and I like it, **too**.

(메리는 테니스를 좋아합니다. 그리고, 나도 그것을 좋아합니다.)

Mary doesn't like basketball and I don't like it, **either**.

(메리는 농구를 좋아하지 않습니다. 그리고, 나도 그것을 좋아하지 않습니다.)

[주] too 는 긍정문에, either는 부정문에 사용합니다.

(4) very, much

He is **very** *clever*.   [원급]

(그는 대단히 영리합니다.)

He is **much** *cleverer* than I.   [비교급]

(그는 나보다 훨씬 영리합니다.)

This book is **very** *interesting*.　　　　　　[형용사]
(이 책은 매우 재미있다.)

I am **much** *interested* in this book.　　　[과거분사]
(나는 이 책에 대단한 흥미를 갖고 있다.)

We are **very** *happy*.　　　　　　　　　　[형용사]
(우리는 매우 행복합니다.)

He spoke **very** *fast*.　　　　　　　　　　[부사]
(그는 매우 빨리 말했다.)

Did you *eat* **much**?　　　　　　　　　　[동사]
(당신은 많이 먹습니까?)

(5) hard, hardly

Jim works **hard**. (짐은 열심히 일합니다.)
Sam **hardly** works. (샘은 열심히 일하지 않습니다.)

(6) ago, before

He went to America *two years* **ago**.
(그는 2년 전에 미국에 갔다.)

I met him once **before**.
(나는 전에 그를 한 번 만난 일이 있다.)

[주] ago는, 현재를 기점으로 하여,「지금부터 … 전」이라는 뜻을 나타내, 언제나 기간을 나타내는 어구를 수반합니다.

　　I met him *a week* **ago**.　　　　[바른 문장]
　　I met him a week before.　　　　[틀린 문장]

2. 부사의 위치

(1) 형용사와 다른 부사를 수식하는 경우

Jack is **much** *taller* than Bill.
(잭은 빌보다 훨씬 키가 크다.)

She plays the piano **very** *well*.
(그녀는 대단히 능숙하게 피아노를 칩니다.)

[주] 부사 – 형용사(부사)의 어순으로 됩니다.

(2) 동사를 수식하는 경우
  (a) 자동사인 경우는 그 바로 앞에 놓인다.
      We stayed there. (우리는 거기서 머물렀다.)
  (b) 타동사인 경우는, 「타동사＋목적어」의 뒤에 놓인다.
      He closed the window **softly**.
      (그는 조용히 창문을 닫았다.)
  (c) 일정한 시간을 나타내는 것은 문장 처음이나 문장 끝에 놓인다.
      He came home **yesterday**. (그는 어제 집에 왔다.)
      Tomorrow they will start. (내일 그들은 출발합니다.)
  (d) 일정하지 않은 시간을 나타내는 것은 일반동사의 앞, be 동사일 때는 그 뒤에 놓인다.
      He is **always** happy. (그는 언제나 행복합니다.)
      I **always** walk to school.
      (나는 언제나 걸어서 학교에 갑니다.)
      Betty didn't **always** attend the meeting.
      (베티는 언제나 그 모임에 참석하지는 않습니다.)
      They **sometimes** play tennis after school.
      (그들은 때때로 방과 후에 테니스를 합니다.)
      He will **never** do it again.
      (그는 다시 그것을 하지는 않을 것이다.)

  (e) 장소와 시간을 나타내는 말이 함께 사용되는 경우
      She arrived **here today**.
      (그녀는 오늘 여기에 도착했다.)
(3) 전문을 수식하는 경우
    Perhaps she will not come.
    (아마 그녀는 오지 않을 것이다.)
    Happily he did not die. (다행히도 그는 죽지 않았다.)
    비교⇨ He did not die **happily**
        (그는 행복한 죽음을 하지 않았다.)

의문부사

1. where, when, how, why 는, 각각 「시간」「장소」「방법」「이유」에 대해 묻습니다.

   Where do you live?　　(어디에 당신은 살고 있습니까?)
   When did he come back?　(언제 그는 돌아왔습니까?)
   How did you go there?
   　　　　　　　　(어떻게 해서 거기에 갔습니까?)
   Why did she cry?　(왜 그녀는 울었습니까?)

2. how 에는, 다음에 형용사와 부사가 붙어서, 수량·시간·거리 등을 묻는 것에 사용합니다.

   How *many* books are there on the desk?
   　(책상 위에 몇 권의 책이 있습니까?)
   How *much* water is left in the bucket?
   　(양동이에는 어느 정도의 물이 남아 있습니까?)
   How *far* is it from here to the post office?
   　(우체국까지는 여기서부터 어느 정도의 거리입니까?)
   How *long* did you wait?
   　(얼마나 오랫동안 기다렸습니까?)
   How *wide* is this river?　(이 강의 폭은 어느 정도입니까?)

관계부사

where, when 에는, 각각 「장소」「시간」을 나타내는 말이 선행사가 됩니다.

   This is the *house* **where** he was born.
   　(이것이 그가 태어난 집입니다.)
   The *gardens* **where** we planted pine trees belong to the city.
   　(우리가 소나무를 심은 정원은 시의 소유로 되어 있습니다.)
   I cannot forget the *day* **when** my father died.
   　(나는 아버지가 돌아가신 날이 잊혀지지 않습니다.)
   A *time* may come **when** things go wrong.
   　(사업에 실패 할 때가 올지도 모릅니다.)

6. 동사 (Verb)

> 동사란, 주어의 상태와 동작을 나타내는 말입니다.

동사의 종류

동사는 그 역할에 따라, 자동사(목적어를 취하지 않는 것)와 타동사(목적어를 취하는 것)로 나뉘어 집니다.

자동사 $\begin{cases} 완전자동사 & (V_1) \\ 불완전 자동사 & (V_2) \end{cases}$

타동사 $\begin{cases} 완전타동사 & (V_3) \\ 수여동사 & (V_4) \\ 불완전 타동사 & (V_5) \end{cases}$

5문형

위의 각각의 동사를 사용하여 문장을 만들면, 다음과 같이 5문형이 가능합니다. 그것을 기호로 나타냅니다.

S = 주어(명사·대명사, 또는 이것들에 해당하는 것)
V = 동사
C = 보어(명사·대명사, 또는 이것들에 해당하는 것)
O = 목적어(명사·대명사, 또는 이것에 해당하는 것)

(1) 제1문형 ($S+V_1$)

The horse runs. (말은 달린다.)
　S　　V_1

Tom is swimming (fast). (톰은 (빨리) 수영하고 있다.)
　S　　V_1

(2) 제2문형 ($S+V_2+C$)

This is a book. (이것은 책입니다.)
　S　V_2　C

The weather becomes warm. (날씨는 따뜻해집니다.)
　　S　　　V_2　　　C

[주] V₂의 동사는 불완전 자동사이므로 보어가 필요합니다. 이 형에 사용되는 동사에는 is·become 외에, get·look·turn 등이 있습니다. 즉, 보어(C)는 주어(S)의 설명을 하고 있기 때문에, **주격보어**라 말합니다.

Come home before $\underset{S}{\text{it}}$ $\underset{V_2}{\text{gets}}$ $\underset{C}{\text{dark}}$.
(어두워지기 전에 돌아오세요.)

$\underset{S}{\text{He}}$ $\underset{V_2}{\text{looks}}$ $\underset{C}{\text{very busy}}$.
(그는 매우 바빠 보입니다.)

$\underset{S}{\text{The leaves}}$ $\underset{V_2}{\text{turned}}$ $\underset{C}{\text{red}}$. (잎은 빨갛게 되었습니다.)

(3) 제3문형 (S+V₃+O)

$\underset{S}{\text{I}}$ $\underset{V_3}{\text{know}}$ $\underset{O}{\text{him}}$. (나는 그를 알고 있다.)

$\underset{S}{\text{She}}$ $\underset{V_3}{\text{helps}}$ $\underset{O}{\text{her mother}}$. (그녀는 그녀의 어머니를 돕는다.)

(4) 제4문형 (S+V₄+IO+DO)
(IO는 간접목적어, DO는 직접목적어)

$\underset{S}{\text{He}}$ $\underset{V_4}{\text{gave}}$ $\underset{IO}{\text{me}}$ $\underset{DO}{\text{a book}}$. (그는 나에게 책을 주었다.)
　　　(〜에게)(〜을)

$\underset{S}{\text{She}}$ $\underset{V_4}{\text{lent}}$ $\underset{IO}{\text{him}}$ $\underset{DO}{\text{a pen}}$. (그녀는 그에게 펜을 빌렸다.)

[주] 이 종류의 동사는, 목적어를 둘 갖는 것이 특징입니다. 이 동사에는 give·lend 외에, ask·buy·make·show·teach·tell 등이 있습니다.

She **asked** me a question. (그녀는 나에게 질문을 했다.)
He **teaches** us English. (그는 우리에게 영어를 가르칩니다.)
He **showed** me the way to the station.
　　(그는 나에게 역으로 가는 길을 가르쳐 주었다.)

주의➡ 이 형태의 문장은, 다음과 같이 바꾸어 말할 수 있습니다.
　　He gave me a pencil. → He gave a pencil *to* me.
　　He tells us a story. → He tells a story *to* us.

Mother made me a dress. → Mother made a dress *for* me.
Father bought me a pen. → Father bought a pen *for* me.

(5) 제 5문형 (S+V$_s$+O+C)

<u>We</u> <u>called</u> <u>our cat</u> <u>Jack</u>.
 S   V$_s$ O   C
(우리는 우리 고양이를 잭이라 부른다.)

<u>She</u> <u>made</u> <u>her mother</u> <u>happy</u>.
 S   V$_s$ O   C
(그녀는 그녀의 어머니를 행복하게 했다.)

[주] 이 경우, 보어(C)는, 목적어(O)의 설명을 하고 있기 때문에, 목적(격)보어라고 부릅니다. 이 동사에는 call·make 이외에, find·elect·keep·see 등이 있습니다.

<u>I</u> <u>found</u> <u>the book</u> <u>easy</u>.
S   V$_s$ O   C
(나는 그 책이 쉽다는 것을 알았습니다.)

<u>We</u> <u>elected</u> <u>him</u> <u>chairman</u>.
 S   V$_s$ O   C
(우리는 그를 의장으로 선출했다.)

<u>The sun</u> <u>keeps</u> <u>us</u> <u>warm</u>.
   S   V$_s$ O   C
(태양은 우리를 따뜻하게 해 줍니다.)

<u>We</u> <u>saw</u> <u>him</u> <u>running</u>.
 S   V$_s$ O   C
(우리는 그가 달리는 것을 보았다.)

동사의 활용

동사에는, 다음 다섯 활용형이 있습니다. 그 활용 방법에 규칙적인 것과 불규칙적인 것이 있습니다.

원형	현재형	과거형	과거분사형	현재분사형
be	am is are	was were	been	being
have	have has	had	had	having
play	play(s)	played	played	playing

1. 규칙동사

(1) 보통 「원형+ed」로 과거형, 과거분사형을 만들지만, 원형이 e로 끝나는 단어는 d만을 붙입니다.

    rain (비가 오다)   rain**ed**   rain**ed**
    like (좋아하다)   like**d**   like**d**

(2) 「단모음+자음」으로 끝나는 것은, 마지막 자음자를 겹쳐 쓰고 ed를 붙입니다.

    stop (멈추다)   sto**pped**   sto**pped**
    plan (계획하다)   plan**ned**   plan**ned**
  비교⇨ visit (방문하다)   visit**ed**   visit**ed**

(3) 「자음+y」로 끝나는 것은, y를 i로 고치고 ed를 붙입니다.

    study (공부하다)   stud**ied**   stud**ied**
    cry (소리치다)   cr**ied**   cr**ied**
  비교⇨ stay (머물다)   stay**ed**   stay**ed**

주의➡ e(d) 의 발음방법

  i) 「유성음+ed」는 [-d]라고 발음합니다.
    opened [óupənd]   called [kɔːld]   carried [kǽrid]
  ii) 「무성음+ed」는 [-t]라고 발음합니다.
    helped [helpt]   looked [lukt]   reached [riːtʃt]
  iii) 「-t+ed, -d+ed」는 [-id]라고 발음합니다.
    wanted [wɔ́ntid]   visited [vízitid]   ended [éndid]

2. 불규칙동사

원형에 ed를 붙여서 과거형·과거분사형이 되지 않는 동사가 불규칙동사입니다. 이것을 분류하면, 다음의 네 형이 됩니다.

(1) A—B—B

    find (발견하다)   found   found
    send (보내다)   sent   sent
    say (말하다)   said   said
    teach (가르치다)   taught   taught

(2) A—B—C

begin (시작하다)	began	begun
know (알다)	knew	known
take (집다)	took	taken
write (쓰다)	wrote	written

(3) A—B—A

come (오다)	came	come
run (달리다)	ran	run

(4) A—A—A

put (놓다)	put	put
shut (닫다)	shut	shut
hit (치다)	hit	hit
cut (자르다)	cut	cut

7. 과거 (Past) · 현재 (Present) · 미래 (Future)

> 동사에는, 과거, 현재, 미래를 나타내는 변화가 있습니다. 이것을 동사의 시제(Tense) 라고 말합니다.

I. 현재; 동사의 현재형이 사용됩니다.

(1) 현재 사실을 나타낸다.
   He **is** a teacher. (그는 선생님이다.)
   I **am** hungry now. (나는 지금 배가 고픕니다.)

(2) 현재의 습관을 나타낸다.
   I **get** up at half past six every morning.
      (나는 매일 아침 6시 반에 일어납니다.)
   We usually **play** tennis after school.
      (우리는 보통 방과 후에 테니스를 합니다.)

(3) 영원불변의 진리를 나타낸다.

The sun **rises** in the east and **sets** in the west.

(해는 동에서 떠서 서로 집니다.)

Time **flies** like an arrow. (시간은 화살처럼 지나갑니다.)

2. 3단현의 s형

주어가 **3인칭 단수**이고, 동사가 **현재형**일 때(줄여서 **3단현**이라고 말합니다.)는, 동사 어미에 s, 또는 es를 붙입니다. 붙이는 방법은 다음과 같이 됩니다.

(1) ss, sh, ch, x 로 끝나는 단어에는 es를 붙입니다.
  pass (지나다) → passes   wash (씻다) → washes
  catch (잡다) → catches   box (치다) → boxes

(2) o로 끝나는 단어에는 es를 붙입니다.
  go (가다) → goes   do (하다) → does

(3) 「자음＋y」로 끝나는 단어는 y를 i로 고치고 es를 붙입니다.
  carry (나르다) → carries   study (공부하다) → studies
  비교⇨ play (운동하다) → plays

(4) 이외의 단어에는 s를 붙인다.
  run (달리다) → runs   write (쓰다) → writes

3. 과거; 동사의 과거형이 사용됩니다.

(1) 과거의 동작·상태를 나타낸다.

He **studied** English last night.

(그는 어제 밤 영어공부를 했다.)

I **was** in America last year.

(나는 작년에 미국에 있었다.)

(2) 과거의 경험을 나타낸다.

Did you ever see a lion? Yes, I **did**.

(사자를 본 적이 있습니까? 예, 있습니다.)

4. 미래; will·shall 을 사용하여, 미래를 나타낸다.

(1) 긍정문

I **will** (**shall**) **arrive** in Pusan tomorrow afternoon.
(내일 오후에 나는 부산에 도착할 것입니다.)
You **will get** well soon. (당신은 곧 회복될 것입니다.)
He **will come** here at 5. (그는 5시에 여기 올 것입니다.)

(2) 의문문

Shall I open the window? (창문을 열까요?)
　Yes, please. 　　　(예, 부탁합니다.)
Shall we have lunch? (점심 먹을까요?)
　Yes, let's. 　　　(예, 그렇시다.)
Will you (Won't you) please lend me your knife?
(당신의 나이프를 빌려 주시겠습니까?)

(3) be going to 가 will 의 뜻으로 사용됩니다.

We **are going to** go on a picnic next Sunday.
(우리는 다음 일요일에 소풍 갈 계획입니다.)

8. 진행형 (Progressive Form)

> 진행형이란,「be동사＋현재분사형」의 형태로, 진행 중인 동작이나 상태를 나타냅니다.

I. 현재분사 만드는 법

(1) 원형에 ing를 붙이는 것.

　　play → play**ing**　　　　read → read**ing**
　　sing → sing**ing**　　　　look → look**ing**

(2) 원형 어미의 e를 생략하고, ing를 붙이는 것.

　　take → tak**ing**　　write → writ**ing**　　make → mak**ing**

(3) 「단모음+자음」으로 끝나는 것은, 마지막 자음을 겹쳐 쓰고 ing 를 붙여 씁니다.

swim → swimming　　　　**sit → sitting**

2. 현재진행형 : | am (is, are)+현재분사 |

　현재를 중심으로 생각해서, 동작의 계속진행형을 나타냅니다.

　　She **is staying** in London.
　　　(그녀는 런던에 머물고 있습니다.)
　　He **is running** about in the playground.
　　　(그는 운동장을 달리고 있습니다.)

3. 과거진행형 : | was (were)+현재분사 |

　과거의 어느 시간을 중심으로 하여, 그 때 동작의 계속진행을 나타냅니다.

　　They **were listening** to the radio then.
　　　(그 때, 그들은 라디오를 듣고 있었습니다.)
　　He **was studying** when I called on him.
　　　(내가 그를 방문했을 때, 그는 공부하고 있었습니다.)

4. 현재완료진행형

　현재까지의 동작의 계속 진행(계속해서 … 하고 있다)을 나타냅니다.

　　I **have been studying** English for three years.
　　　(나는 3년간 계속해서 영어를 공부하고 있습니다.)
　　It **has been raining** for a week.
　　　(일주일간 비가 계속 내리고 있습니다.)

5. 「가까운 미래」를 나타내는 현재진행형

　　She **is coming** here soon.
　　　(그녀는 곧 여기에 올 것입니다.)

6. 주의해야 할 것

be·know·like·love·belong 등은, 그 단어 자체에 계속의 뜻을 갖고 있기 때문에 보통 진행형으로는 하지 않습니다. have·hear·see·stand 등이 진행형이 될 때는 뜻이 달라지기 때문에 주의해야 합니다.
다음 예에서 그 다른 점을 비교해 봅시다.

> **I know** Tom. (나는 톰을 알고 있습니다.)
> [주] I **am knowing** Tom. 이라고는 말하지 않습니다.
> Our school **stands** on the hill.
> (우리 학교는 언덕 위에 있습니다.)
> [주] Our school **is standing** on the hill. 이라고는 말하지 않습니다.
> I **am standing** on the hill. (나는 언덕 위에 서 있습니다.)
> He **has** breakfast at seven every morning.
> (그는 매일 아침 7시에 아침식사를 합니다.)
> [주] He **is having** breakfast now. 는 맞는 문장이지만, 그 뜻은 「그는 지금 아침식사를 하고 있습니다.」입니다.

9. 현재완료 (Present Perfect Tense)

> 현재완료란, 현재 일어난 동작의 완료, 또는 그 결과, 현재까지의 상태의 계속, 현재까지의 경험을 나타냅니다.

1. 현재완료의 형태

> have (또는 has) + 과거분사

2. 현재완료의 용법

(1) 동작이 현재에 일어난 **완료**를 나타냅니다. (「다했다」)

I **have** just **written a letter.**
　(나는 마침 편지를 다 썼습니다.)
Have you **read** today's newspaper yet?
　(아직 오늘 신문을 읽지 못했습니까?)

(2) 동작이 현재에 일어난 결과를 나타냅니다. (「…해 버렸다」)
　He **has gone** to Pusan. (He isn't here.)
　　(그는 부산에 가 버렸습니다.)
　I **have lost** my pen. (=I don't have my pen now.)
　　(나는 펜을 잃어 버렸습니다.)
(3) 현재까지의 **경험**을 나타냅니다. (「…한 일이 있다」)
　Have you ever **read** this book?
　　(당신은 전에 이 책을 읽은 일이 있습니까?)
　No, I **have** never **read** it.
　　(아니오, 나는 지금까지 그것을 읽은 일이 없습니다.)
　I **have been** to Teagu once.
　　(나는 한 번 대구에 간 적이 있습니다.)
　He **has been** to Europe before.
　　(나는 전에 유럽에 간 적이 있습니다.)
　주의➡「~에 간 적이 있다」라고 말할 때는 have(has) been to ~를 사용하지만, go ~ing 의 관용구의 경우는 그대로 입니다.
　　I **have gone** *fishing* in the lake before.
　　　(나는 전에 그 호수에 낚시하러 간 적이 있습니다.)
(4) 동작·상태의 **계속**을 나타냅니다. (「계속…하고 있다」)
　I **have been** busy since last Monday.
　　(나는 지난 월요일부터 계속 바쁩니다.)
　He **has lived** here for three years.
　　(그는 3년간 여기에 살고 있습니다.)
　He **has been studying** English for five years.
　　(그는 5년간 영어를 공부하고 있습니다.)

They have been living in this town for ten years.
(그들은 이 시에서 10년간 살고 있습니다.)

주의➡ live에 대해서는 have lived, have been living 들이 사용됩니다.

주의➡ Have(has) been~ing 형은, **현재완료진행형입니다.** 이 형태는 언제나 계속을 나타냅니다.

It has been raining since last night.
(어제밤부터 비가 계속해서 내리고 있습니다.)

주의➡ 현재완료는,「과거시제」를 나타내는 부사(구)와는 함께 사용되지 않습니다.

{ I **have met** him *yesterday*. [틀린 문장]
{ I met him *yesterday*. [바른 문장]
　(나는 어제 그를 만났다.)

{ He **has been** sick *two days ago* [틀린 문장]
{ He **has been** sick *since two days ago*. [바른 문장]
　(그는 이틀 전부터 아픕니다.)

{ When **has** your father **returned** home? [틀린 문장]
{ **When did** your father **return** home? [바른 문장]
　(당신의 아버지는 언제 집에 돌아왔습니까?)

3. 용법의 분류법
 (1) 함께 사용되는 **부사**에 의해 판단합니다.
  (a) just, already, yet, lately → [완료]
  (b) ever, never, once, often, before → [경험]
 (2) since ~ (~이후), for ~ days (~일간) → [계속]
 (3) have (has) + been + -ing → [계속]
 (4) 위와 같은 것이 없을 때는, 전후의 관계나, 그 문장의 뜻으로 보아 판단합니다.

10. 수동태 (Passive Voice)

> 수동태란, 주어가 어떤 행위를 받는다. 즉, 주어가 무엇을 받을 때 사용됩니다.

1. 능동태와 수동태

   (a) **My parents** *love* **me**.   [능동태]

   (b) **I** *am loved* by **my parents**.   [수동태]

   (a) 문장은, 주어인 My parents가 목적어인 me에게 love라는 행위를 행하고 있기 때문에 능동태이고, (b)문장에서는, 주어 I가 my parents에 의해 love라는 행위를 받고 있기 때문에 수동태라고 합니다.

   주의 ➡ 수동태 문장으로 되는 능동태 문장에서는, 반드시 목적어가 있읍니다. 즉, 제3, 제4, 제5 문형의 문장이 아니면, 수동태 문장으로 바꿀 수 없는 것입니다.

2. 수동태 만드는 법

   (1) 제3문형 (S+V+O) 일 때

   Many people use the telephone.
   (많은 사람들이 전화를 사용합니다.)
   → The telephone **is used** by many people.
   (전화는 많은 사람들에 의해 사용되어 집니다.)

   Tom made the boat. (톰은 보트를 만들었다.)
   → The boat **was made** by Tom.
   (보트는 톰에 의해 만들어졌다.)

   (2) 제4문형 (S+V+O+O) 일 때

   He teaches us English. (그는 우리에게 영어를 가르칩니다.)

→ { We **are taught** English by him.
    (우리는 영어를 그에게 배웁니다.)
    English **is taught** us by him.
    (영어는 그에 의해서 우리에게 가르쳐집니다.) }

주의➡ 형태상으로는 위의 두 가지 형태가 되지만, English is taught…는 보통은 사용하지 않는 것에 주의합시다.

She gave him a horse. (그녀는 그에게 말을 주었다.)

→ { He **was given** a horse by her.
    (그는 그녀로부터 말을 받았다.)
    A horse **was given** him by her.
    (말이 그녀로부터 그에게 주어졌다.) }

(3) 제5문형 (S+V+O+C) 일 때

  I found the book easy.
  (나는 그 책이 쉽다는 것을 알았다.)
  → The book **was found** easy by me.
  (그 책이 쉽다는 것이 나에게 알려졌다.)

(4) 의문문일 때

  Did you write the letter?
  (당신은 편지를 썼습니까?)
  → **Was** the letter **written** by you?
  (편지는 당신에 의해 쓰어졌습니까?)

  What did he do?
  (그는 무엇을 했습니까?)
  → What **was done** by him?
  (그에 의해 무엇이 행해졌습니까?)

  Who discovered America?
  (누가 미국을 발견했습니까?)
  → By whom **was** America **discovered**?
  (미국은 누구에 의해 발견되었습니까?)

(5) 조동사가 있을 때

He will invite you to the party.

　(그는 당신을 파티에 초대할 것입니다.)

　→ You **will be invited** to the party by him.

　　(당신은 파티에 그로부터 초대받을 것입니다.)

You must do it at once.

　(당신은 그것을 곧 하지 않으면 안 됩니다.)

　→ It **must be done** by you at once.

　　(그것은 당신에 의해 곧 행해지지 않으면 안 됩니다.)

(6) 주어가 「일반적인 사람」을 나타낼 때

We, People, You, They 등이 일반적인 사람을 뜻할 때는, by us, by people, by you, by them 이라고 말할 필요는 없습니다.

　We see the stars at night. (우리는 밤에 별을 보았습니다.)

　→ The stars **are seen** at night. (별은 밤에 보입니다.)

　They speak English in Australia.

　　(호주에서 그들은 영어를 말합니다.)

　→ English **is spoken** in Australia.

　　(호주에서는 영어가 말해집니다.)

3. 특별한 수동태

형태는 「be+과거분사」로 수동태 형태이고, 뜻은 수동태가 아닌 것이 있습니다.

　I **was born** in 1950. (나는 1950년에 태어났습니다.)

　He **is interested** in history.

　　(그는 역사에 흥미를 가지고 있습니다.)

　She **is pleased** with the doll.

　　(그녀는 그 인형이 마음에 들었습니다.)

　They **were surprised** at the news.

　　(그들은 그 뉴스를 듣고 놀랐습니다.)

　She **was tired** with a long walk.

　　(그녀는 오래 걸었기 때문에 피곤했습니다.)

II. 조동사 (Auxiliary Verb)

> 조동사란, 동사에 붙어서, 그 역할을 돕고, 또는 의미를 보충하는 말입니다.

조동사의 종류

1. 주요 조동사의 표

인칭	시/수	현재 단수	현재 복수	과거 단수	과거 복수
be	1인칭 2인칭 3인칭	am are is	are	was were was	were
have	1, 2인칭 3인칭	have has	have	had	
do	1, 2인칭 3인칭	do does	do	did	
shall	1, 2, 3인칭	shall		should	
will	〃	will		would	
can	〃	can		could	
may	〃	may		might	
must	〃	must		(must)	

2. **be** 의 용법

   (1) 진행형을 만든다.

   Mr. Green **is walking** in the street.
   (그린 씨가 거리를 걷고 있다.)

(2) 수동태를 만든다.

    Mary **was liked** by everybody.

    (메리는 모든 사람들이 좋아했다.)

3. **have, has** 의 용법

    현재완료를 만든다.

    He **has** just **come** back. (그는 지금 막 돌아왔다.)

4. **do, does, did** 의 용법

(1) 의문문을 만든다.

    Do you like English? (당신은 영어를 좋아합니까?)

    Does Mr. Brown live in Seoul?

    (브라운 씨는 서울에 살고 있습니까?)

(2) 부정문을 만든다.

    We **didn't** play baseball yesterday.

    (우리는 어제 야구를 하지 않았다.)

(3) 강조를 나타낼 때

    He **did** come, but told us nothing about it.

    (그는 왔지만, 거기에 대해서는 아무것도 말하지 않았다.)

5. **should** 의 용법

(1) shall 의 과거형

    I thought I **should** fail. (나는 실패할 것이라고 생각했다.)

(2) 의무 등 (해야 할)

    You **should** do your best.

    (여러분은 최선을 다해야 합니다.)

(3) It is strange (good, right, natural, **necessary** 등) that… 의 구문

    It is right that you **should** do this.

    (당신이 이것을 하는 것은 올바른 일입니다.)

(4) 정중한 표현

　I **should** like to know your opinion.
　　(당신의 의견을 알고 싶습니다만.)

6. would 의 용법

(1) will 의 과거형

　He said he **would** come again.
　　(그는 또 온다고 말했습니다.)

(2) 과거의 습관(…했었다)

　Every morning I **would** go out for a walk.
　　(매일 아침 나는 산보하러 갔었다.)

(3) 정중한 표현

　Would you open the window?
　　(창문을 열어 주시겠습니까?)

7. can 의 용법

(1) 능력(…할 수 있다)

　Can you swim? (당신은 수영할 수 있습니까?)

　주의➡ I *could* not (=*was not able to*) swim a mile yesterday.
　　(어제는 1마일 수영할 수 없었다.)　　　　　　　[과거]
　　You *will be able to* swim next year.　　　　　　[미래]
　　(내년에는 수영할 수 있게 되겠죠.)
　　He *has* not *been able to* go out for a week.　　[완료]
　　(그는 1주일 동안 외출할 수 없었다.)

(2) 허가(…해도 좋다)

　You **can** go. (가도 좋습니다.)

(3) 부정추측, 단정(…일 리가 없다)

　The news **cannot** be true.
　　(그 뉴스는 진실일 리가 없다.)

　They **cannot** have arrived in New York yet.
　　(그들은 아직 뉴욕에 도착했을 리가 없다.)

(4) 강한의문(…이 있을 수 있습니까?)
Can he be an idle boy?
(그가 게으름뱅이일 리가 있습니까?〔그럴 리가 없다〕)

(5) 정중한 표현
Could you lend me your dictionary?
(사전을 빌려 주시겠습니까?)

8. may 의 용법

(1) 허가(…해도 좋다)
You **may** go out and play.
(너는 밖에 나가서 놀아도 좋다.)

(2) 추측(…일지도 모른다)
He **may** be a good man. (그는 좋은 사람 일지도 모른다.)
The train **may** have started already.
(기차는 이미 출발해 버렸을지도 모릅니다.)

(3) 목적 (that ~ may 가 되어, …하기 위하여)
John works hard *that* he **may** succeed.
(죤은 성공하기 위해 열심히 일합니다.)

(4) 기원(…를 기원하다)
May you be happy. (행복을 기원합니다.)

9. must 의 용법

(1) 필요·의무(…해야 한다)
You **must** go at once. (당신은 곧 가야 합니다.)
비교⇨ You **need not** go at once.
(당신은 곧 갈 필요는 없습니다.)

주의➡ She **had to** buy a new dress. [과거]
(그녀는 새 옷을 사야만 했다.)
You **will have to** write another letter. [미래]
(당신은 이제 다른 편지를 써야 할 것이다.)
I **have had to** stay here these three days. [완료]
(3일간 여기서 머물러야 합니다.)

(2) 금지(…해서는 안 된다)

You **must not** eat too much.
(당신은 너무 많이 먹어서는 안 됩니다.)

You **must not** speak fast.
(당신은 빨리 말해서는 안 됩니다.)

비교⇨ You **may** speak fast.
(당신은 빨리 말해도 좋습니다.)

(3) 추측(…임에 틀림없다)

He **must** be rich.   (그는 부자임에 틀림없다.)

He **must** have been rich.
(그는 부자였음에 틀림없다.)

비교⇨ He **cannot** be rich.   (그는 부자일 리가 없다.)

He **cannot** have been rich.
(그는 부자였을 리가 없다.)

12. 부정사 (Infinitive)

> 부정사란, 동사의 하나의 형태로, 주어의 인칭과 수(단수·복수)와 시제(현재, 과거 등)의 영향을 받지 않습니다. **부정사**에는 to가 붙는 것과, 붙지 않는 것이 있습니다.

부정사의 성질

부정사가, 인칭·수·시제에 영향을 받지 않는 것은, 다음 예에서 알 수 있습니다. 다음 예인 swim[보통의 동사]은 변화하지만, to swim [부정사]은 변화하지 않습니다.

[인칭] { I **swim**.   I like **to swim**.
        { He **swims**.   He likes **to swim**.

[수]	She **swims**. They **swim**.	She likes **to swim**. They like **to swim**.
[시제]	You **swim**. You **swam**.	You like **to swim**. You liked **to swim**.

부정사의 용법

1. **명사적 용법**: 명사 역할을 하는 경우로, 보통, 「~하는 것」이라는 뜻이 됩니다.

   (1) 주어가 된다.

   To learn English is not easy.

   (영어를 배우는 것은 쉽지 않습니다.)

   (2) 보어가 된다.

   My hobby is **to play** the violin.

   (나의 취미는 바이올린을 연주하는 것입니다.)

   (3) 목적어가 된다.

   I want **to see** you again.

   (나는 당신을 다시 만나고 싶습니다.)

2. **형용사적 용법**: 명사나 대명사 뒤에서, 「~해야 할」이나, 「~하기 위해서」라는 뜻을 나타냅니다.

   Please give me something **to eat**.

   (무언가 먹을 것을 주세요.)

   It is time **to go** to school.

   (학교에 갈 시간입니다.)

3. **부사적 용법**: 다음과 같이 여러가지에 사용됩니다.

   (1) 목적을 나타낸다. 「~하기 위해서」

   We go to school **to study**.

   (우리는 공부하기 위해서 학교에 갑니다.)

(2) 원인을 나타낸다. 「~해서」
> I am very glad **to see** you.
> (나는 당신을 만나서 매우 기쁩니다.)

4. 부정사는 다음과 같은 관용구를 만듭니다.
> She is **too** young **to go** to school.
> (그녀는 학교에 가기에는 너무 나이가 어립니다.)

> He was rich **enough to buy** it.
> (그는 그것을 살 수 있을 만큼 부자였습니다.)

too~to…, ~enough to…의 구문은, so~that 구문을 사용하여 바꾸어 쓸 수 있습니다. 위의 두 문장을 바꾸어 쓰면, 다음과 같이 됩니다.

> She is **so** young **that** she cannot go to school.
> (그녀는 나이가 너무 어려서 학교에 갈 수 없습니다.)

> He was **so** rich **that** he could buy it.
> (그는 부자였기 때문에 그것을 살 수 있었습니다.)

to 가 붙지 않는 부정사 용법

1. 조동사 뒤에서 사용됩니다.
> She *can* **play** the piano.
> (그녀는 피아노를 연주할 수 있습니다.)

> He *will* **come** tomorrow.
> (그는 내일 옵니다.)

[주] 주어가 3인칭 단수라도, plays, comes 로는 되지 않습니다.

2. 지각동사(see, hear, feel 등) 뒤에 사용되어, 「…이 ~하는 것을 보다(듣다, 느끼다)」라는 뜻이 됩니다.
> I *saw* a bird **fly**.
> (나는 새가 나는 것을 보았습니다.)

Did you *hear* him sing?

(당신은 그가 노래하는 것을 들었습니까?)

3. 사역동사(let, make 등)의 뒤에 사용되어, 「…을 ~시키다」라는 뜻이 됩니다.

Please *let* me go.

(부디 내가 가게 해 주십시오.)

He *made* the children laugh.

(그는 아이들을 웃게 했습니다.)

부정사의 의미상의 주어

1. 문장의 주어와 같은 경우

    I want to go there. (나는 거기에 가고 싶습니다.)

    [주] 이 문장에서 「가는」 사람은 I 입니다.

2. 문장 안의 목적어와 같은 경우

    I want *you* to go there.

    (나는 당신이 거기에 가길 바랍니다.)

    [주] 이 문장에서는 「가는」 사람은 you 입니다.

3. **for+목적어**의 형태로 나타나는 경우

    It is necessary for me to go there.

    (내가 거기에 가는 것이 필요합니다.)

    [주] 이 문장에서, to go의 의미상의 주어는 me, 즉 「나」입니다.

주의해야 할 부정사 용법

1. **It와 부정사**: 명사적 용법의 부정사는, it로 대표합니다.

    It is not easy to learn French.
    (=To learn French is not easy.)

    이 때의 It을, 가주어라고 합니다.

2. **의문문＋부정사** : 부정사는, what ·when ·where ·how 등의 의문사와 함께 명사구를 만듭니다.

> I don't know **what to do**.
> (나는 무엇을 해야 할지 모릅니다.)
>
> He taught me **how to swim**.
> (그는 나에게 수영하는 법을 가르쳐 주었습니다.)

3. **be＋부정사** : 다음과 같은 뜻을 나타내는 것이 있습니다.

> I **am to start** tomorrow.   [예정]
> (나는 내일 출발할 예정입니다.)
>
> You **are to do** this.   [의무]
> (당신은 이것을 해야 합니다.)

4. **부정의 부정사** : 부정사의 부정형은, 보통 to 앞에 not 이나 never 가 옵니다.

> Be careful **not to make** any noise.
> (어떤 소리도 나지 않도록 주의하세요.)
>
> He told me **never to do** such a thing.
> (그는 그런 것은 결코 하지 말라고 나에게 말했습니다.)

5. **부정사에 전치사가 붙을 경우**

> This isn't a house **to live in**.
> (이것은 살 집이 아닙니다.)
>
> Here is a chair **to sit on**.
> (여기에 앉을 의자가 있습니다.)

이 때는, 수식되는 명사, 즉 이 예문에서는, house 와 chair 가 전치사 in ·on 의 목적어가 됩니다.

13. 분사 (Participle)

> 분사는, 동사형의 하나로, 현재분사와 과거분사가 있습니다.

분사의 종류와 용법

I. **현재분사** : 동사 원형에 ing가 붙은형

(1) 진행형 : be+현재분사로, 동작의 진행, 가까운 미래를 나타냅니다.

    He **is playing** the piano.   [현재진행형]
    (그는 피아노를 치고 있습니다.)

    We **were eating** lunch.   [과거진행형]
    (우리는 점심을 먹고 있었습니다.)

    My father **is going to** America next month   [가까운 미래]
    (나의 아버지는 다음 달에 미국에 갑니다.)

    When **are** you **leaving**?
    (당신은 언제 출발합니까?)

(2) 형용사로서

    Look at that **sleeping** *baby*.
    (저 자고 있는 아기를 보세요.)

이 현재분사는, 다른 말을 수식하며, 명사 뒤에 붙습니다.

    Look at that *baby* **sleeping on the bed**.
    (저 침대에서 자고 있는 아기를 보세요.)

(3) 목적보어로서

    I *saw* him **playing** the piano.
    (나는 그가 피아노를 치고 있는 것을 보았습니다.)

2. 과거분사: 규칙동사인 경우는 과거형과 같은 형태지만, 불규칙 동사인 경우는 여러가지 형이 있습니다.
   (1) 현재완료: have (has) + 과거분사
      I have just **written** a letter.
         (나는 마침 편지를 다 썼습니다.)
   (2) 수동태: be + 과거분사
      I was scolded by my teacher. (나는 선생님께 꾸중을 들었습니다.)
   (3) 형용사
      a **broken** doll   (깨어진 인형)
      the **stolen** letter   (도둑맞은 편지)
      the picture **taken** by my father   (아버지가 찍은 사진)
   [주] 현재분사는 능동적 뜻을 갖지만, 과거분사(특히, 타동사)는 수동적인 뜻을 갖습니다.

14. 동명사 (Gerund)

> 동명사란, 동사 원형에 ing가 붙은 형으로, 명사 역할을 합니다.

동명사의 용법

1. 동사 성질을 갖는다.
   (1) 목적어를 취합니다.
      Speaking *English* is not easy.
         (영어를 말하는 것은 쉬운 일이 아닙니다.)
   (2) 부사에서 수식받습니다.
      Rising *early in the morning* is good for the health.
         (아침 일찍 일어나는 것은 건강에 좋습니다.)
2. 명사
   (1) 주어

Swimming in the sea is a great fun.
 (바다에서 수영하는 것은 매우 재미있습니다.)

비교⇨ 다음의 swimming은 현재분사입니다.

    Jack is **swimming** in the sea.   [진행형]
    (잭은 바다에서 수영하고 있습니다.)

    I know the boy **swimming** in the sea.   [형용사]
    (나는 바다에서 수영하고 있는 소년을 압니다.)

(2) 보어

    My hobby is **collecting** stamps.
    (나의 취미는 우표수집입니다.)

(3) 목적어

    He likes **playing** tennis.   [동사의 목적어]
    (그는 테니스 치기를 좋아합니다.)

    Girls are fond of **writing** letters.   [전치사의 목적어]
    (소녀들은 편지 쓰기를 좋아합니다.)

(4) 형용사

    This is a **sleeping** car.
    (이것은 침대차입니다.)

비교⇨ 다음의 sleeping은 현재분사입니다.

    Look at that **sleeping** baby.
    (저 자고 있는 아기를 보세요.)

동명사와 부정사

 동명사는 명사의 역할을 하고, 부정사도 명사역할을 하기 때문에 같은 뜻을 나타내는 것이 있습니다.

I. 동명사와 부정사가 같은 뜻이 될 경우

    { **Rising** early is good for the health.
    { **To rise** early is good for the health.
    (일찍 일어나는 것은 건강에 좋습니다.)

{ He likes **swimming**.
{ He likes **to swim**.
　　(그는 수영하기를 좋아합니다.)

2. 동명사와 부정사가 뜻이 다른 경우

{ He stopped **smoking**. (그는 담배를 끊었습니다.)
{ He stopped **to smoke**.
　　(그는 담배를 피우기 위해 멈추었습니다.)

3. 동명사만을 목적어로 취하여, 부정사를 목적어로 하지 않는 동사의 경우

　　I *enjoyed* **reading** a novel.
　　(나는 소설 읽기를 즐겼습니다.)

　　He *finished* **reading** the novel.
　　(그는 소설 읽기를 끝냈습니다.)

15. 전치사 (Preposition)

> 전치사는 명사·대명사 앞에 붙어서 이들 단어와 문장 안의 다른 단어와의 관계를 나타냅니다.

전치사의 종류와 용법

1. 「시간」을 나타내는 전치사

　at—「~시에」「~에」
　　I got up **at** six o'clock. (나는 6시에 일어났습니다.)
　　Let's meet here **at** noon. (정오에 여기에서 만납시다.)

　on—「~일에」「~요일에」
　　He will start **on** May 3rd. (그는 5월 3일에 출발합니다.)
　　We don't go to school **on** Saturday.
　　(우리는 토요일에 학교에 가지 않습니다.)

in—「~월에」「~년에」「(봄·겨울 등)에」「(아침·오후 등)에」

It rains much **in** June. (6월에는 비가 많이 내립니다.)

Will you be free **in** the morning or **in** the afternoon?
(당신은 오전에 시간이 있읍니까? 오후에 있읍니까?)

비교⇨ They reached there **on** the morning of October 12.
(그들은 10월 12일 아침에 거기에 도착했습니다.)

from, since—「~부터」

We worked **from** morning till night.
(우리는 아침부터 밤까지 일했습니다.)

He has been ill **since** last month.
(그는 지난 달부터 아픕니다.)

till, by—「~까지」「~에」

I will wait **till** six o'clock. (나는 6시까지 기다리겠습니다.)
Come back **by** six. (6시에 돌아오세요.)

for, during—「~동안」

He stayed here **for** three days.
(그는 여기에서 3일 동안 머물었습니다.)

He came to see me **during** his stay in Seoul.
(그는 서울에 머무르는 동안 나를 만나러 왔습니다.)

[주] during은 어떤 기간을 「계속해서」 또는 어떤 기간 중의 「어떤 때」를 나타냅니다.

in, within—「~에」「이내에」

He will be back **in** a week. (그는 일주일 안에 돌아올 것입니다.)
You must read it **within** two weeks.
(당신은 그것을 2주 안에 읽어야 합니다.)

[주] in은 어떤 기간을 「경과하여」, within은 어떤 기간의 「범주 내에」라는 뜻을 나타냅니다.

2. 「장소」를 나타내는 전치사

at, in—「~에, ~에서」

I live **at** Donam-dong **in** Seoul.
(나는 서울 돈암동에 살고 있습니다.)

[주] 비교적 좁은 장소에는 at을 사용합니다. 예문에서는 in을 생략하여, at Donam-dong, Seoul이라고 말할 수 있습니다.

in, on—「안에」「위에」

There is a piano **in** the room.
(그 방에 피아노가 있습니다.)

[주] 비교적 좁은 장소와, 둘러쌓여진 느낌의 것 안에, 라는 뜻을 나타낼 때는 in을 사용합니다.
  in my *pocket* (호주머니 안에)
  in the *box*   (상자 속에)

There is a vase **on** the table.
(테이블 위에 꽃병이 있습니다.)

Look at the picture **on** the wall.
(벽에 걸려진 그림을 보세요.)

There is a fly **on** the ceiling.
(파리가 천정에 붙어 있습니다.)

above, over—「위에, 위를」

The top of the mountain was seen **above** the clouds.
(산 정상이 구름 위에 보입니다.)

The plane flew **over** the mountains.
(비행기는 그 산맥을 넘어서 납니다.)

[주] on과 달리, above는 「(떨어져서) 보다 위에」라는 뜻을 나타냅니다. over는 「바로 위에」를 나타내고, 또 「~을 넘어서」라는 뜻도 됩니다.

below, under—「~밑에, ~아래에」

The sun sets **below** the horizon.
(태양은 지평선 아래로 가라앉습니다.)

The cat is **under** the desk.
(고양이는 책상 밑에 있습니다.)

[주] below는 above의 반대로,「보다 낮은 위치」를 나타내고, under는 over의 반대로,「바로 밑에」를 나타냅니다.

round, around—「주위를」「주위에」

The moon goes **round** the earth.
(달은 지구의 주위를 돕니다.)

There are some benches **around** the pond.
(연못 주위에는 벤치가 몇 개 있습니다.)

[주] round는 동작을 나타내는 동사와 함께, around는 상태를 나타내는 경우에 사용합니다. 그러나, 미국에서는 round 대신에 around를 사용합니다.

The moon goes *around* the earth.

among, between—「…사이에」

There are some flowers **among** the trees.
(나무 사이에는 꽃들이 있습니다.)

The Pacific Ocean is **between** Korea and America.
(태평양은 한국과 미국의 사이에 있습니다.)

[주] between은「두 개의 사이에 끼워지다」를 나타내고, among은「셋 이상 여러 개 속에 섞이다」를 나타냅니다.

3. 그밖의 전치사

with

We cut **with** our knives. (나이프로 자릅니다.)
We see **with** our eyes. (눈으로 봅니다.)
I go to school **with** my friend.
(나는 친구와 함께 학교에 갑니다.)
I am tired **with** my study. (나는 공부로 피곤합니다.)

in

    Don't write **in** red ink.   (빨간 잉크로 쓰지 마세요.)
    Look at the woman **in** white. (흰옷의 부인을 보세요.)
    Speak **in** English.   (영어로 말하세요.)

by

    I go to school **by** bus.
      (나는 버스로 학교에 갑니다.)

    He went to New York **by** land.
      (그는 육로로 뉴욕에 갔습니다.)

    This book was written **by** him.
      (이 책은 그가 썼습니다.)

    Let me know **by** post.
      (편지로 알려 주세요.)

    Did you do it **by** yourself?
      (그것을 스스로 했습니까?)

of

    The desk is made **of** wood.
      (그 책상은 나무로 만들었습니다.)

    비교⇨   Wine is made **from** grapes.
            (포도주는 포도로 만듭니다.)

    They died **of** cholera.
      (그들은 콜레라로 죽었습니다.)

    Please give me a glass **of** water.
      (물을 한 컵 주세요.)

    Tom is a friend **of** mine.
      (톰은 나의 친구입니다.)

    I am fond **of** music.
      (나는 음악을 좋아합니다.)

    She is afraid **of** dogs.
      (그녀는 개를 무서워합니다.)

16. 접속사 (Conjunction)

> 접속사는, 단어와 단어, 구와 구, 절과 절 등을 연결하는 말입니다.

접속사의 종류와 용법

1. **등위접속사**; 대등한 관계에 있는 단어, 구, 문장을 연결하는 접속사

    I have one brother **and** two sisters.
    (나에게는 한 남동생과, 두 여동생이 있습니다.)

    My brother can ski very well, **but** I can't ski.
    (나의 형은 스키를 매우 잘 탈 수 있습니다.
    그러나, 나는 탈 수 없습니다.)

    Is this a pen **or** a pencil?
    (이것은 펜입니까? 연필입니까?)

2. **종속접속사**; 주종의 관계에 있는 문장을 연결하는 접속사

    I know **that** he is Mary's brother.
    (나는 그가 메리의 오빠인 것을 알고 있습니다.)

    When spring comes, it becomes warm.
    (봄이 오면 따뜻해집니다.)

    I will wait here **till** he comes back.
    (그가 돌아올 때까지, 나는 여기서 기다리겠습니다.)

    He returned home **after** the sun set.
    (해가 지고 나서, 그는 집에 돌아왔습니다.)

    Let's go home **before** it gets dark.
    (어두워지기 전에 돌아갑시다.)

    If it is fine tomorrow, we'll go on a picnic.
    (내일 날씨가 좋다면, 우리는 소풍 갈 것입니다.)

It has been raining **since** I came here.
(내가 여기에 온 후, 비가 계속 내리고 있다.)
He will not come, **because** he is sick.
(그는 아프기 때문에 오지 않을 것이다.)
As he was tired, he could not study.
(그는 피곤했기 때문에, 공부할 수 없었다.)
Though he is poor, he is happy.
(그는 가난하지만 행복합니다.)

3. 상관 접속사; 두 단어 이상으로 접속사 역할을 하는 것
   I know **both** Mary **and** Tom.
   (나는 메리도 톰도 모두 압니다.)
   I can play **not only** the piano, **but** [**also**] the violin.
   (나는 피아노뿐 아니라, 바이올린도 연주할 수 있습니다.)

   Either you **or** I must go.
   (당신이든지 나든지, 가야만 합니다.)
   Neither Mary **nor** Tom came here.
   (메리도 톰도 여기에 오지 않았습니다.)
   [주] both ~ and ~ 에 not 이 첨가되면, 부분부정이 됩니다.
   I **cannot** speak **both** English **and** French.
   [=I can speak **either** English **or** French.]
      (나는 영어와 불어, 모두 말할 수 없지는 않습니다.)
       (하나는 말할 수 있다.)
   He came to see me **as soon as** he arrived.
   (그는 도착하자마자 나를 만나러 왔습니다.)

4. 「명령문, **and** ~」「명령문, **or** ~」
   Study hard, **and** you will succeed.
   [=**If** you study hard, you will succeed.]
   (열심히 공부해라. 그러면, 성공할 것이다.)
   Hurry up, **or** you will be late.
   [=**If** you don't hurry up, you will be late.]
   (서둘러라. 그렇지 않으면 늦을 것이다.)

17. 감탄사 (Interjection)

> 감탄사(또는 감동사)란, 강한 감정을 나타내기도 하고, 상대의 주의를 끌기도 하는 말입니다.

감탄사의 종류와 용법

1. 「놀람·갈채」

    Hurrah ! We have a holiday tomorrow.
    (만세! 내일은 휴일이다.)

    Oh, how happy !
    (아! 얼마나 행복한지.)

2. 「주의·부름」

    Look ! there he is.   (봐라! 그가 저기 있다.)
    Hello !   (어이! 여보세요.)

3. 「경멸·욕」

    Pooh ! (바보)
    Bah !   (멍청이)

4. 「놀람·슬픔」

    Oh, dear ! Goodness ! My !
    (저런! 어머나! 아이고!)

    Alas ! (아! 슬프도다!)

5. 「의문·주저」

    Well ! (글쎄!)
    Eh !   (뭐라고!)
    Hem !   (뭐!)
    Hum !   (응!)

6. 「인사」
 Hello !　　　(야아. 여보세요.)
 Hi !　　　　(야아.)
 Good-by !　　(안녕!)
 Good morning !　(안녕!)
 Welcome !　　(어서 와!)

7. 「맹세·욕」
 By God !　(꼭)

8. 「웃음 소리」
 Ha ! ha ! how funny !　(하하, 호호)

9. 「칭찬·찬성」
 Bravo !　　　(잘했어! 훌륭해!)
 Well-done !　(잘 해냈구나!)
 Hear ! hear !　(찬성이오! 옳소!)

10. 「동물 등의 울음 소리」
 Bow-wow !　　　(멍멍)
 Mew !　　　　　(야옹)
 Moo !　　　　　(음메)
 Caw !　　　　　(까악까악)
 Cock-a-doodle-doo !　(꼬끼오 꼭꼭)
 Quack !　　　　(꽥꽥)

11. 기타
 Ouch ! I cut my finger.　(아야! 손가락을 베었어.)
 Ugh !　　　　　(윽)

18. 구와 절 (Phrases and Clauses)

> 구는, 몇 개의 단어가 모여서, 명사·형용사·부사 등의 역할을 한다.

구의 종류와 역할

1. **명사구**; 주어·목적어·보어가 된다.

    To see is to believe. [To see 는 주어, to believe 는 보어]
    (보는 것은 믿는 것.)

    I know **how to swim.**   [목적어]
    (나는 수영법을 알고 있다.)

2. **형용사구**; 명사 뒤에 붙어서 명사를 수식한다.

    The *book* **on the desk** is mine.
    (책상 위의 책은 내것이다.)

    Please look at the *picture* **on the wall**.
    (벽에 걸려있는 그림을 보세요.)

3. **부사구**; 동사를 수식한다.

    Come to see me **in the afternoon**.
    (오후에 만나러 와 주세요.)

    Let's *play* baseball **in the park**.
    (공원에서 야구를 합시다.)

4. **형용사구와 부사구**

    같은 구라도 사용법에 따라 형용사구가 되기도 하고, 부사구가 되기도 한다.

    ⎰ Look at the picture **on the wall**.   [형용사구]
    ⎱   (벽에 걸려 있는 그림을 보세요.)
    ⎱ There is a picture **on the wall**.   [부사구]
        (벽에 그림이 걸려 있습니다.)

The boy **in the swimming pool** is Tom.　　　　[형용사구]
　　(풀에 있는 소년은 톰입니다.)
　　The boy is swimming **in the swimming pool**. [부사구]
　　(그 소년은 풀에서 수영하고 있습니다.)

> 절은, 주어와 술어 동사를 가진 단어의 집합으로, 문장의 일부로서, 명사·형용사·부사 역할을 합니다.

절의 종류와 역할

I. 주절·종속절

　종속절은, 종속 접속사(that, when, if 등)와 관계 대명사(who, which 등), 관계부사(where, when 등)에 이끌리는 절로, 다른 절 또는 어구를 수식하는 역할을 합니다. 종속절을 생략해도, 독립한 절을 종속절에 대해 주절이라고 합니다.

　　<u>If it rains,</u> <u>I will not go.</u>
　　　종속절　　　　주절
　　(비가 오면, 나는 갈 수 없습니다.)

　　<u>Please close the window when you go out of the room.</u>
　　　　　　주절　　　　　　　　　　　　종속절
　　(방을 나갈 때 창을 닫아 주세요.)

　종속절은 그 역할에 따라 다음과 같이 분류됩니다.

(1) 명사절

　　I know **that he will not come**.
　　(그가 오지 않을 것을 나는 안다.)

　　Do you understand **who I am**?
　　(내가 누구인지 압니까?)

　　It is certain **that you will become a good citizen**.
　　(당신은 분명히 훌륭한 시민이 될 것입니다.)

(2) 형용사절

I want a man **who can understand French**.
(나는 불어를 이해할 수 있는 사람을 원합니다.)

He lives in an apartment house **that is five stories high**.
(그는 5층 건물 아파트에 살고 있습니다.)

This is the house **where he was born**.
(이것이 그가 태어난 집입니다.)

(3) 부사절

When you were a baby, your father went to Canada.
(당신이 아기일 때, 당신의 아버지는 카나다에 갔습니다.)

I can't go **because I have to do my homework**.
(숙제를 해야 하기 때문에, 나는 갈 수 없습니다.)

He worked hard **though he was tired**.
(그는 피곤하지만 열심히 일했습니다.)

2. 대등절

대등접속사로 연결된 각각의 절을 대등절이라고 합니다.

I studied English, and **he studied math**.
(나는 영어를 공부하고, 그는 수학을 공부했습니다.)

He likes baseball, but **I like tennis better**.
(그는 야구를 좋아하지만, 나는 테니스를 좋아합니다.)

19. 문장의 종류 (Kinds of Sentences)

문장이란, 몇 개의 단어가 모여서 종합된 뜻을 나타내는 것을 말합니다.

문장

정해진 순서대로 단어가 나열되어야 한다.
I am Kim Young-Soo. (나는 김 영수입니다.)

Do you come to school by bus?
(당신은 버스로 학교에 옵니까?)

주부와 술부

주부는, 「…는, …가」에 해당하는 부분으로, 그 중심되는 단어를 주어라 합니다. 주어에는 명사·대명사가 사용됩니다.

술부는 「…이다, …하다」에 해당하는 부분으로, 그 중심되는 단어는 동사입니다.

<u>**Bill**</u> | <u>**is** an American boy.</u>
(주)　　　(술)

<u>The **book** on the desk</u> | <u>**is** not mine.</u>
　　　(주)　　　　　　　　　　(술)

<u>**They**</u> | <u>can **speak** English well.</u>
(주)　　　　　(술)

문장의 종류

1. 평서문

사실을 있는 그대로 서술한 문장으로, 문장 끝에 마침표(.)를 붙입니다. 평서문에는 긍정과 부정이 있습니다.

[긍정] { I like baseball.　　　(나는 야구를 좋아합니다.)
　　　 { He is tall.　　　　　(그는 키가 크다.)

[부정] { I don't like baseball. (나는 야구를 좋아하지 않습니다.)
　　　 { He isn't tall.　　　　(그는 키가 크지 않다.)

2. 의문문

물을 때 사용하는 문장으로, 의문사가 있는 것과 없는 것이 있고, 문장 끝에 의문부호(?)를 붙입니다. 긍정과 부정이 있습니다.

Do you know Mr. Brown?
(당신은 브라운 씨를 압니까?)

What did you eat for breakfast?
(아침은 무엇을 먹었습니까?)

3. 명령문

명령이나 부탁할 때 사용하는 문장으로, 주어는 언제나 생략되어 동사 원형으로 시작합니다. 여기에도 긍정과 부정이 있습니다.

[긍정] { **Open the door, please.**
(문을 열어 주세요.)
Be kind to everybody.
(모든 사람에게 친절하세요.)

[부정] { **Don't stand up.**
(일어서지 말아라.)
Don't be noisy.
(떠들지 말아라.)

4. 감탄문

감탄의 뜻을 나타내는 문장으로, how·what을 사용합니다. 문장 끝에 감탄부호(!)를 붙입니다.

How cold it is this morning!
(오늘 아침은 너무 춥구나!)

What a beautiful flower this is!
(이 꽃은 얼마나 아름다운가!)

의문문·부정문 만드는 법

긍정문을 의문문·부정문으로 할 때는 다음과 같습니다.

1. 일반동사 have동사가 사용되는 문장은, 조동사 do(does, did)의 도움을 받습니다.

They **get up** at six. → { (의) **Do** they **get up** at six?
(부) They **do not get up** at six.

He **gets up** at six. → { (의) **Does** he **get up** at six?
(부) He **does not get up** at six.

She **got up** at six. → { (의) **Did** she **get up** at six?
  (부) She **did not get up** at six.

[주] 1. does는 3인칭 단수 현재일 때 사용한다.
   2. do, does, did가 사용될 때는, 동사원형이 된다. gets는 s를 떼고, got은 get으로 해야한다.
   3. have동사가 사용되는 문장은, 두 종류의 문장이 가능하다.

   He has a bat. → { **Does** he **have** a bat?
                    Has he a bat?
                    He **does not have** a bat.
                    He **has not** a bat.

2. Be 동사 (am, are, is, was, were) 와, 조동사 (can, may, will 등) 가 사용되는 문장에서는 do를 사용하지 않는다.

   He **is** Tom.   → { (의) **Is** he Tom?
                       (부) He **is not** Tom.
   You **can** swim. → { (의) **Can** you swim?
                        (부) You **cannot** swim.
   She **will** come. → { (의) **Will** she come?
                         (부) She **will not** (=**won't**) come.

감탄문 만드는 법

1. How로 시작될 때

How+형용사(또는, 부사)+주어+동사의 순서로 합니다. 문장 끝에는 감탄 부호(!)를 붙입니다.

<u>That mountain</u> <u>is</u> <u>high.</u> (저 산은 높다.)
  (주)   (동) (형)

→ **How** high that mountain is!
  (저 산은 굉장히 높구나!)

<u>That horse</u> <u>runs</u> <u>fast.</u> (저 말은 빨리 달린다.)
  (주)   (동)   (부)

→ **How** fast that horse runs!
  (저 말은 굉장히 빨리 달리는구나!)

주의➡ 다음 두 문장은 매우 비슷하지만 다르기 때문에 구별에 주의 합시다.

>How tall he is ! [감탄문]
>How tall is he ? [의문문]

2. What 으로 시작될 때

what + (a) + 형용사 + 명사 + 주어 + 동사의 순서로 합니다. 문장끝에 감탄 부호(!)를 붙입니다.

>$\underset{(주)}{\text{This}}$ $\underset{(동)}{\text{is}}$ a $\underset{(형)}{\text{pretty}}$ $\underset{(명)}{\text{doll.}}$ (이것은 귀여운 인형입니다.)
>→ **What** a pretty doll this is !
> (이것은 귀여운 인형이구나!)

단문·중문·복문

단문은, 주부가 하나인 문장을 말합니다.

>We have four classes in the morning.
>(오전 중에 4시간 강의가 있습니다.)

중문은, 두 개의 대등절이 접속사로 연결된 문장을 말합니다.

>I have a brother, **but** Young-Soo **has** no brother.
>(나에게는 형이 있지만, 영수는 형이 없습니다.)

복문은, 종속절을 포함한 문장을 말합니다.

>**When** I went to Paris, I visited the museum.
>(내가 파리에 갔을 때, 박물관에 갔습니다.)

20. 시제일치 (Sequence of Tenses)

> 주절 동사가 과거이면, 종속절 동사가 그것에 따라 변화한다. 이것을 「시제일치」라고 한다.

시제일치의 방법

절의 동사가 **현재**일 때 종속절 동사의 시제(미래, 현재, 과거이외) 변화하지 않는다.

    I **think** that he **is** ill. (나는 그가 아프다고 생각합니다.)
    I **think** that he **was** ill. (나는 그가 아팠다고 생각합니다.)
    I **think** that he **has been** ill.
      (나는 그가 지금까지 계속 아팠다고 생각합니다.)

2. 주절의 동사가 **과거**일 때 종속절 동사는 과거로 됩니다. 즉, 주절 동사가 과거이면 종속절 동사는,

  (1) 현재 → 과거
    I **think** that he **is** ill.
      ↓   ↓
    I **thought** that he **was** ill.
    (나는 그가 아프다고 생각했습니다.)

  (2) 현재진행형 → 과거진행형
    I **think** that he **is going** to school.
      ↓   ↓
    I **thought** that he **was going** to school.
    (나는 그가 학교에 가는 중이라고 생각했습니다.)

  (3) 조동사가 있을 때 → 그 조동사의 과거형
    I **think** that he **can** swim well.
      ↓   ↓
    I **thought** that he **could** swim well.
    (나는 그가 수영을 잘 할 수 있다고 생각했습니다.)

「시제일치」를 사용하지 않을 때

I. 진리를 나타낼 때

    { My teacher **says** that the earth **is** round.
    { My teacher **said** that the earth **is** round.
      (지구는 둥글다고 나의 선생님이 말씀하셨다.)

2. 습관을 나타낼 때

> Tom **says** that he **gets** up early.
> Tom **said** that he **gets** up early.
> (톰은 일찍 일어난다고 말했다.)

3. 역사상의 사건

> He **says** that Columbus **discovered** America.
> He **said** that Columbus **discovered** America.
> (그는 콜럼버스가 아메리카를 발견했다고 말했다.)

영문법 사전

제3부
영문법 사전
/찾아보기

가까운 미래 233
가주어 247
간접목적어 140
감탄문 76, 265
감탄부호 (!) 76
감탄사 259
격 202
결과 136, 235
경험 136, 235
계속 136, 235
고유명사 25, 200
과거 231
과거분사 145, 250
과거진행형 103,
과거형 98
관계대명사 177, 204
관계부사 182, 221
관사 38, 115, 218
관사의 생략 220
관사의 특별 용법 219
구 261
규칙동사 98, 229
긍정 264
긍정문 18
능동태 140, 237
단문 267
단수 42, 206
단순미래 110

단순부사 221
단축형 125
동명사 133, 250
동사 175, 226
동사에 ing를 붙인다 83
동사의 활용 228
대등절 263
대명사 27, 204
대명형용사 214
대문자 28
등위접속사 161, 257
마침표 18
말의 순서 18
명령문 73, 265
명사 27, 200
명사구 261
명사적 용법 129, 245
명사절 174, 262
목적격 54, 202
목적격 보어 228
목적어 226
문장의 종류 264
물질명사 111,
미래 107, 232
보어 129, 226
보통명사 25, 200
복문 267
복수 42, 200

복수형 만드는 법 201
부가의문문 126
부분부정과 전체부정
　　　　　　　　209
부사 221
부사구 160, 261
부사의 비교 81
부사의 위치 223, 172
부사적 용법 130, 245
부사절 263
부정 264
부정관사 57, 218
부정대명사 204
부정문 19
부정사 128, 244
분사 249
불규칙동사 99, 229
불완전자동사 226
불완전타동사 226
비교급 215
비교급, 최상급이란 78
사역동사 190, 247
삼단현의 S 231
상관접속사 166, 258
선행사 178
성질형용사 213
셀 수 있는 명사 38
소문자 28

소유격 54, 202
수동태 139
수동태 만드는 법 237
수량형용사 213
수를 세는 법 44
수여동사 226
술부 264
술어적 용법 214
시제의 일치 196, 268
알파벳 28
어퍼스트로피·에스(' S) 202

연체적 용법 214
완료 135, 234
완전자동사 226
완전타동사 226
원급 79, 215
의문대명사 204
의문문 264, 19
의문부사 221
의문부호(?) 19
의문사 70
의문형용사 214
의미상의 주어 247
의지미래 109
인칭 205
인칭대명사 23, 204
인칭대명사의 변화 53
일반동사 69
자동사 226
전치사 151, 252
절 261
접속사 161, 257
정관사 57, 218
정관사의 용법 219

조동사 85, 240
종속절 262
종속접속사 163
주격 53, 202
주격보어 227
주부 264
주어 264
주절 262
중문 267
지각동사 144, 189, 246
지시대명사 204
지시형용사 214
직접목적어 140
진행형 232
집합명사 200
최상급 215
추상명사 200
콤마 29
타동사 226
특별한 수동태 239
특별한 숫자 읽는 법 215
평서문 264
현재 230
현재분사 143, 249
현재분사 진행형 143
현재완료 135, 234
현재완료 진행형 136, 236
현재 진행형 82, 233
현재형 82
형용사 40, 213
형용사구 159, 261
형용사적 용법 130, 245

형용사절 263
be동사 69
have동사 69
It의 특별용법 205
self - 대명사 207
the의 특별한 사용법 115
to가 붙지 않는 부정사 188, 246
5문형 226

기초영문법

1997년 1월 10일 초판 인쇄
2010년 1월 10일 10쇄 발행

편저자/편집부
발행자/김홍승
발행처/삼성서관

등록번호/제300-2002-153호
등록날자/1992년 10월 9일
서울시 종로구 창신동 457-33
전화:763-1258, 팩스:765-1258

※잘못된 책은 바꾸어 드립니다.

정가7,000원